Rosenn Le Page

Jardiner avec LA LUNE en 2023

Vilmorin depuis 1743

Les cahiers de L'ÉCOJARDINIER

SOLAR EDITIONS

Sommaire

Pourquoi jardiner avec la Lune ?

Sans la Lune, la Terre ne serait pas ce qu'elle est. Cet astre influe en permanence sur divers phénomènes naturels. Des marées à la vie des plantes, il n'y a qu'un pas que des générations de jardiniers ont sauté. Leur expérience vous aidera à jardiner en harmonie avec la nature.

La Lune est le seul satellite naturel de la Terre et l'astre qui en est le plus proche. Comme tous les corps célestes, elle a une trajectoire de forme constante, déterminée par sa nature (taille, poids...) et son environnement (la Terre). En tournant autour de la Terre, elle décrit une ellipse légèrement inclinée d'un angle de 5° par rapport à notre horizon, c'est-à-dire le plan de l'orbite décrite par la Terre en tournant autour du Soleil. La Terre n'est pas le centre de cette ellipse. Aussi la distance Terre-Lune n'est-elle pas constante au cours de sa révolution. Au point le plus éloigné, elle atteint près de 410 000 km. C'est l'apogée, le moment où la Terre et la Lune sont les plus distantes. Lorsque la Lune est à son point le plus proche de la Terre, à peine plus de 360 000 km les séparent. On dit que la Lune est à son périgée. À l'échelle du système solaire, la Lune est vraiment toute proche de la Terre qui se situe, elle, à 150 millions de km du Soleil.

Vitesse variable

La Lune ne parcourt pas sa trajectoire à vitesse constante. On l'a remarqué en mesurant le temps écoulé entre ses différentes phases : nouvelle Lune, premier quartier, pleine Lune et dernier quartier. La durée entre deux phases varie sensiblement. Plus la Lune est proche de la Terre, plus elle tourne vite. Ainsi la vitesse de la Lune varie-t-elle de près de 4 000 km/h au périgée à près de 3 500 km/h à l'apogée.

Une influence visible

Grâce à la présence – et surtout à l'attraction – de la Lune, la rotation de la Terre sur elle-même s'est stabilisée à un rythme qui a permis l'émergence de la vie. Le rythme des saisons et le climat sont devenus plus réguliers. La Lune maintient également l'axe de rotation de la Terre en position oblique. Durant la nuit, elle représente une source lumineuse, certes bien moins intense que celle du Soleil, mais susceptible d'influencer le développement des végétaux. Elle est en partie responsable du phénomène des marées. En effet, l'attraction conjuguée de la Lune et du Soleil déforme les matières. Cette déformation est plus spectaculaire sur les liquides que sur les solides. Ces forces conjuguées entraînent une déformation (imperceptible pour nous) du globe terrestre qui se déplace tout autour de la Terre, selon la position de la Lune. C'est ce qui engendre les mouvements des mers et des océans que nous connaissons bien.

Des extrapolations

Aucun scientifique n'a prouvé l'influence de la Lune sur les végétaux. Cela ne veut pas dire qu'elle n'existe pas. La plupart des plantes plongent leurs racines dans la terre. Il n'est pas invraisemblable de penser que ces organes hypersensibles puissent ressentir les déformations dues à l'attraction lunaire ou solaire. Par ailleurs, des observations ont montré que les champignons poussent la nuit, à la lumière

10 BONNES RAISONS POUR JARDINER AVEC LA LUNE

1. Bénéficier de l'expérience de plusieurs générations de jardiniers.
2. Prendre davantage conscience du rythme des saisons.
3. Faire le bon geste au bon moment.
4. Mettre toutes les chances de réussite de mon côté.
5. Ne négliger aucun facteur influant sur les végétaux.
6. Épater mes amis avec des récoltes spectaculaires.
7. Constater l'influence de la Lune en notant mes observations.
8. Respecter mes convictions écologiques.
9. Être en harmonie avec la nature, même dans mon jardin de ville.
10. Mettre un peu de fantaisie dans le jardinage.

blafarde de la lune, et non sous le soleil. Tous les ramasseurs de champignons avertis savent que, lors de la nouvelle lune et dans les 3 jours qui suivent, si les conditions climatiques favorables sont par ailleurs là, les champignons poussent en grand nombre…

Un calendrier pour jardiner

Fort de ces observations et de ces hypothèses, certains ont établi un calendrier lunaire, celui que nous vous proposons plus loin, pour transmettre leur savoir aux autres jardiniers (contemporains et futurs). Chaque année, il change, mais les bases restent identiques. Ici, pas de philosophie complexe ni de dogme incontournable. Juste une envie d'agir en harmonie avec la nature. Laissez-vous guider par la Lune ! C'est facile et, en plus, cela peut améliorer l'efficacité de vos bons soins sur les fleurs, les fruits et les légumes. Pourquoi vous en priver ?

LA LUNE, RYTHME DES CALENDRIERS ?

De nombreux calendriers anciens ont été bâtis sur ses mouvements apparents, c'est-à-dire les 29 jours environ qui séparent soit deux nouvelles lunes, soit deux pleines lunes. Petit à petit, les calendriers basés sur le Soleil ont supplanté les calendriers lunaires. Cependant, les phases de la Lune restent indiquées sur la plupart des éphémérides. Chaque année de notre calendrier solaire contient 12 lunaisons complètes (29 jours) et une incomplète. Les années possédant 13 nouvelles lunes, phénomène assez rare pour être l'objet de croyances particulières, sont appelées « années de treize lunes ».

Je comprends les cycles LUNAIRES

Chaque jour, la lune change d'aspect et de place dans le ciel. Son influence sur la croissance et le développement des végétaux évolue aussi. Avant de vous lancer dans le jardinage sous influence lunaire, nous vous proposons de faire plus ample connaissance avec notre satellite et ses caractéristiques.

1 **La Lune et la Terre sont des planètes jumelles.** Elles ont le même âge et sont de la même nature. Cependant, le diamètre de la Lune est le quart de celui de la Terre à peu près. Sa superficie est égale à un peu plus de 7 % de la surface terrestre. Enfin, elle pèse 80 fois moins que la Terre.

2 **Les reliefs sont impressionnants sur la Lune.** Bombardée par les corps célestes errant dans le système solaire, et sans atmosphère pour ralentir la chute de ces objets venus du ciel, la surface de la Lune est très accidentée. Le paysage lunaire est constitué de cirques, appelés aussi « cratères ».

3 **La Lune se lève à l'est.** Elle suit la même trajectoire apparente que le Soleil dans le ciel : elle apparaît à l'est, culmine au sud et disparaît à l'ouest. Cette trajectoire similaire s'explique de la même façon : ce mouvement apparent de la Lune est le produit de la rotation de la Terre sur elle-même.

4 **Ce n'est pas seulement l'astre de la nuit.** Elle peut se lever avant le coucher du soleil et se coucher bien après le lever du soleil. Si, pour le soleil, ces heures de lever et de coucher varient avec la saison, pour la lune, elles évoluent en fonction de sa hauteur dans le ciel.

La lune change tous les jours

Aujourd'hui, disque lumineux, demain croissant, plus tard absente… La lune change de forme tous les jours. Par quel phénomène peut-elle ainsi modifier son aspect ?

En réalité, la Lune a toujours la même forme. C'est notre perception de notre satellite qui se transforme suivant sa position par rapport à la Terre et au Soleil. Ce que nous percevons de la Lune, c'est la partie éclairée par le Soleil. Elle fonctionne un peu comme un réflecteur en renvoyant la lumière solaire vers la Terre. Sa capacité de réflexion est 14 fois moindre que celle d'un miroir. Classiquement, quatre phases sont indiquées dans la plupart des calendriers :

La nouvelle lune

On ne voit rien. La face de la Lune éclairée par le Soleil est celle que l'on ne voit pas. Terre, Lune et Soleil sont alors alignés, la Lune se situant entre le Soleil et la Terre. Dans l'Antiquité, on parlait de « lune noire ».

Le premier quartier

Le premier quartier est un croissant lumineux aux pointes vers la gauche. Le Soleil éclaire alors exactement la moitié droite de la Lune.

La pleine lune

La pleine lune nous apparaît comme un disque parfait très lumineux. Il y a toujours alignement Terre-Lune-Soleil, mais la Terre se situe alors entre le Soleil et la Lune. Toute la face visible de la Lune est éclairée.

Le dernier quartier

Le dernier quartier est un croissant lumineux aux pointes vers la droite. Le Soleil éclaire alors exactement la moitié gauche de la Lune.

Dans notre hémisphère Nord, pour reconnaître à coup sûr dans quel quartier de lune nous sommes, il suffit d'imaginer une ligne droite qui passe par les deux pointes du croissant. La lettre ainsi dessinée est un « d » ? Comme « dernier quartier ». Si vous voyiez un « p », c'est le premier quartier. Dans l'hémisphère Sud, c'est l'inverse ! L'astuce mnémotechnique est alors moins efficace.

FRÉQUENTES ÉCLIPSES

Les éclipses de Lune sont plus fréquentes que celles de Soleil. Elles correspondent au passage de la Terre entre le satellite terrestre et le Soleil à la pleine lune. L'ombre de la Terre vient couvrir, entièrement ou partiellement, la face éclairée de la Lune. Pour que le recouvrement se fasse, il faut aussi que l'orbite de la Lune et celle de la Terre soient dans le même plan : cela n'arrive que 7 fois par an au maximum.

La Lune fait ses révolutions

On appelle « révolution » d'un astre son déplacement autour d'un autre astre. C'est le temps qu'il faut pour qu'il en fasse le tour complet. Le mouvement de la Lune autour de la Terre est décrit par deux révolutions. Chacune a sa propre influence sur les gestes du jardinier.

Au terme de sa révolution sidérale, la Lune a fait un tour complet de la Terre, c'est-à-dire qu'elle revient devant un point fixe donné à l'infini (une étoile par exemple). Elle accomplit ce tour complet en 27 jours et un peu plus de 7 heures. Cette révolution est difficile à percevoir à l'œil nu.

La révolution synodique de la Lune est le temps qu'il lui faut pour revenir au même aspect dans le ciel. Généralement, on prend pour point de départ une nouvelle lune ou une pleine lune. Visible à l'œil nu, ce cycle a été la base des calendriers anciens. Dans cette révolution, le Soleil entre aussi en jeu. En effet, la Terre tourne, avec son satellite, autour du Soleil. La révolution synodique correspond à un peu plus d'un tour complet de la Terre. Elle dure environ 29 jours et 12 heures. C'est ce que l'on appelle communément la « lunaison ».

LA LUNE BLEUE

Le mois lunaire (d'une nouvelle lune à l'autre) comporte 29 jours. Nos mois solaires en comptent 30 ou 31, voire 28 ou 29 pour le mois de février. Ainsi, en un mois calendaire, la lune accomplit un peu plus d'un cycle. Il arrive alors qu'elle passe deux fois par la même phase dans un même mois. La « lune bleue » est la seconde pleine lune d'un même mois.

Les lunes croissante et décroissante, quand est-ce ?

Tout comme sa forme évolue dans le ciel, l'influence de la Lune sur les végétaux change à chaque phase. Bien identifier dans quelle partie du cycle on est permettra au jardinier de programmer ses travaux au mieux.

Lors de sa révolution synodique, la lune est dite croissante quand elle va de la nouvelle lune à la pleine lune. Elle est considérée comme décroissante en sens inverse, de la pleine lune à la nouvelle lune. Il est très facile de déterminer si la lune est croissante ou décroissante en regardant le ciel plusieurs jours de suite. Si vous la voyez de plus en plus grosse, elle est croissante ; au contraire, si elle perd en épaisseur, elle est décroissante. Il n'y a pas plus logique ! Ces deux périodes ont une durée égale d'à peu près 14 jours et demi.
Dans sa phase croissante, elle passe par le « premier quartier » (croissant de lune avec le creux vers la gauche) ; dans sa phase décroissante, par le « dernier quartier » (croissant de lune avec le creux vers la droite).
Sur les calendriers situés en fin d'ouvrage, nous vous avons indiqué ces périodes lunaires avec des plages couleur, mois par mois, afin que vous puissiez planifier vos travaux de jardinage au bon moment.

Faste ou néfaste ?

Les jardiniers estiment que la lune croissante est plutôt faste pour le jardinage. Elle favorise l'émission et la circulation des liquides végétaux, dont la précieuse sève. En revanche, la lune décroissante est jugée moins favorable au jardinage. À cette période, la circulation de la sève et la solution nutritive du sol se raréfient

et donc la vie de la plante s'en trouve ralentie. Le changement de « sens » de la lune est une période de transition. Les jardiniers se méfient des influences lunaires durant les deux jours précédant la pleine lune et les deux jours suivant la pleine lune. Ils estiment que notre satellite perd alors beaucoup de son pouvoir.

Décryptez les dictons...

De nombreux dictons populaires emploient un vocabulaire ancien ou imagé pour évoquer la lune et ses phases. Ainsi la lune gibbeuse (cela signifie « bossue ») désigne-t-elle les périodes où la lune est très proche de la pleine lune, entre le « premier quartier » et la « pleine lune » et entre la « pleine lune » et le « dernier quartier ». La lune « jeune » ou « tendre » est croissante et, inversement, la lune « vieille » ou « dure » est décroissante. Le « décours » est la période de lune décroissante. On emploie moins le terme « cours » qui signifie le contraire. La lune qui « défaille » est décroissante.

Laissez-vous guider par les dictons

« Quand décroîtra la lune,
ne sème chose aucune. »

« Plantes qui grainent
se sèment en croissant.
Plantes qui racinent
se sèment en défaillant. »

« Ce qui croît au-dessus de la terre
doit être semé en lune croissante ;
ce qui croît au-dessous, en décours. »

« Pour détruire les chardons,
en décours tracez vos sillons. »

« Il faut toujours semer
lorsque la lune croît, et couper
ou cueillir pendant qu'elle décroît. »

Les lunes ascendante et descendante, quand est-ce ?

La révolution sidérale de la Lune est celle que nous percevons moins facilement. Elle se traduit par une position différente de l'astre dans le ciel d'un jour à l'autre. C'est pourtant le cycle que les jardiniers considèrent comme le plus influent.

On l'a déjà vu en introduction, lorsque la Lune tourne autour de la Terre, elle suit une trajectoire elliptique et inclinée. Cette dernière possède donc un point haut et un point bas. Lorsque la Lune va du point le plus bas vers le point le plus haut, on dit qu'elle est « ascendante ou montante ». Lorsqu'elle parcourt sa trajectoire en sens inverse, on dit qu'elle est « descendante ». Ces termes proches du cycle croissant-décroissant ne doivent pas être confondus avec ce dernier, car ils ne désignent pas du tout les mêmes périodes lunaires ni les mêmes influences.

Les saisons lunaires

La période de lune ascendante, qui dure 13 jours et demi environ à chaque cycle, est assimilée, par les jardiniers, à un printemps et à un été lunaires. Les flux de sève sont plus abondants vers les branches. Les plantes, davantage alimentées par cette sève, connaissent une croissance et un développement accrus. Quand la lune est descendante, 13 jours et demi durant également à chaque cycle, c'est, pour les jardiniers, l'automne et l'hiver lunaires. Les flux de sève sont moindres vers les branches, la sève se concentre au niveau des racines et la plante vit au ralenti.
Bien que ces périodes soient repérables, sans calendrier, avec un peu d'habitude, nous vous les avons indiquées sur les calendriers en fin d'ouvrage pour vous aider à prévoir les bons travaux au bon moment.

Montante ou descendante ?

C'est moins facile à repérer en regardant le ciel que les périodes de lune croissante ou décroissante, mais c'est possible. Observez bien la position de la lune par rapport à un élément fixe du paysage qui vous entoure : la cheminée d'un immeuble, le clocher de l'église... Notez bien l'heure. Le lendemain, à la même heure ou, mieux, une à deux heures plus tard (la différence sera plus sensible à l'œil), regardez la position de la lune par rapport à votre repère. Si elle est plus haute, elle est montante. Si elle est plus basse, elle est descendante.

QUIZ

Démêlez le vrai du faux dans les affirmations suivantes :

VRAI	FAUX	
		1 Si la lune est chaque jour plus grosse dans le ciel, elle est montante.
		2 Si la lune est en forme de croissant, c'est le premier quartier.
		3 Si la lune apparaît plus bas dans le ciel d'un jour à l'autre, elle est descendante.
		4 La lune ascendante ou croissante, c'est la même chose ?
		5 Quand la lune est invisible, c'est la nouvelle lune.

SOLUTIONS : 1. faux : elle est croissante.
2. faux : cela dépend des « cornes » du croissant ; si celles-ci sont tournées vers la gauche, c'est effectivement le premier quartier ; si elles sont tournées vers la droite, c'est le dernier quartier.
3. vrai : c'est en repérant la position de la lune par rapport à un élément fixe du panorama deux soirs de suite que l'on discerne si la lune est montante ou descendante.
4. faux : elle est ascendante quand elle va de son point le plus bas à son point le plus haut ; elle est croissante de la nouvelle lune à la pleine lune.
5. vrai : c'est alors sa face cachée qui est éclairée par le Soleil.

Repérez les jours néfastes

La Lune n'a pas toujours une bonne influence sur le jardinage. Certains jours, elle serait même plutôt perturbatrice. Alors, il vaut mieux ne rien faire.

La Terre n'est pas le centre de l'orbite elliptique de la Lune. Cette dernière n'est donc pas toujours à la même distance de la Terre.

Apogée, périgée, perturbations !

Son point le plus proche est désigné par le terme « périgée ». À l'inverse, lorsqu'elle est la plus éloignée, elle est à « l'apogée ». Lorsque la Lune est à l'un de ces deux points, les jardiniers considèrent alors que l'influence lunaire est très perturbée. Très éloignée, elle est peu influente ; plus proche, elle a une action néfaste sur les végétaux. Tous les travaux réalisés ces jours-là risqueraient d'en pâtir. Aussi mieux vaut vous abstenir de jardiner lorsque la lune est à son apogée ou à son périgée. Nous vous avons indiqué ces jours par un « ne rien faire » dans le calendrier, qui vous dédouanera de préférer le transat à la binette !

Aux nœuds lunaires, ce n'est pas mieux !

Enfin, la trajectoire de la Lune autour de la Terre coupe le plan de l'écliptique (trajectoire apparente du Soleil autour de la Terre) en deux points que l'on nomme « nœud lunaire ». On parle de « nœud lunaire ascendant » quand la lune est ascendante et de « nœud lunaire descendant » quand la lune est descendante. Toutefois, la distinction a peu d'importance, car l'effet est le même dans un sens ou dans un autre : les influx lunaires sont contradictoires et les travaux de jardinage sont aussi déconseillés les jours où la Lune passe par l'un de ses nœuds lunaires. Sur les calendriers en fin d'ouvrage, ces jours néfastes pour le jardinage sont aussi clairement identifiés. Profitez de ces jours pour jouir de votre jardin sans rien faire !

La super-lune

Non, ce n'est pas une lune aux superpouvoirs ! C'est la plus grosse pleine lune de l'année. Elle nous apparaît alors 10 à 20 % plus grosse qu'habituellement. Elle est aussi nettement plus lumineuse. Pourquoi ? C'est la pleine lune qui survient alors que notre satellite est à son périgée, et donc plus proche de nous. C'est cette proximité qui nous la fait paraître plus volumineuse.

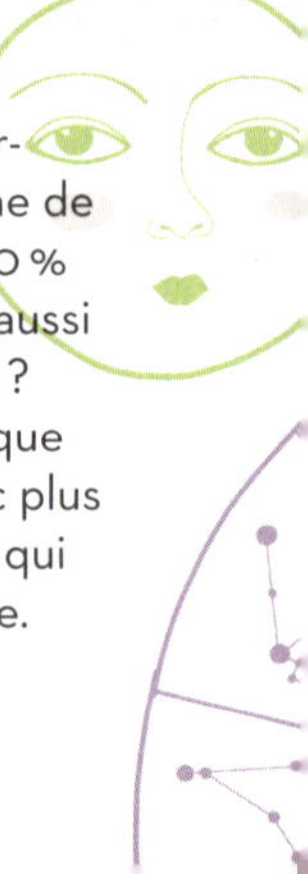

Le zodiaque, c'est bon pour le jardin ?

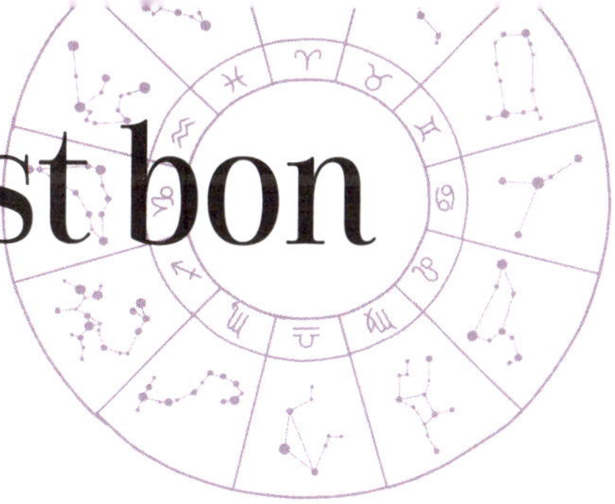

La Lune exerce de bonnes ou mauvaises influences pour les différents travaux de jardinage. Les pages précédentes vous ont convaincu. Cependant, avant de vous lancer, vous avez encore besoin de quelques précisions.

La Lune influe de manière différenciée sur chaque type de plante selon sa position. En effet, depuis très longtemps, les hommes ont relié des étoiles entre elles par des lignes imaginaires, dans une zone qui fait le tour de la Terre sur une bande de 18° environ de large. Ces groupes d'étoiles sont devenus les constellations du zodiaque.

À chacune des constellations du zodiaque est attribué un des quatre éléments : l'eau, le feu, la terre et l'air. On parle alors de signes d'eau (constellations des Poissons, du Cancer et du Scorpion), de feu (constellations du Sagittaire, du Bélier et du Lion), de terre (constellations du Capricorne, du Taureau et de la Vierge) ou d'air (constellations du Verseau, des Gémeaux et de la Balance).

Lors de sa révolution autour de la Terre, la Lune passe successivement devant les douze constellations du zodiaque. Ces dernières sont réputées alors infléchir ses influx vers tels ou tels types de végétaux. Même si vous êtes adepte du jardinage avec la Lune, ne devenez pas trop obnubilé par cette dernière. La saison et la météorologie sont des éléments que vous devez aussi prendre en compte lorsque vous décidez de telle ou telle opération.

À CHAQUE CONSTELLATION, SA PLANTE FÉTICHE

DEVANT LES SIGNES D'AIR…	DEVANT LES SIGNES D'EAU…	DEVANT LES SIGNES DE FEU…	DEVANT LES SIGNES DE TERRE…
Constellations du Verseau, des Gémeaux et de la Balance	Constellations des Poissons, du Cancer et du Scorpion	Constellations du Sagittaire, du Bélier et du Lion	Constellations du Capricorne, du Taureau et de la Vierge
La Lune est bénéfique aux plantes qui fleurissent (chou-fleur ou pivoine par exemple).	La Lune est bénéfique aux plantes cultivées pour leur feuillage (buis ou laitue par exemple).	La Lune est bénéfique aux plantes dont on récolte les fruits (la pomme ou le haricot par exemple).	La Lune est bénéfique aux plantes dont on apprécie les racines (la pomme de terre ou le radis par exemple).
CE SONT LES JOURS-FLEURS	CE SONT LES JOURS-FEUILLES	CE SONT LES JOURS-FRUITS	CE SONT LES JOURS-RACINES

PRÊT À JARDINER AVEC LA LUNE ?

Soyons clair. Il n'y a pas de preuves scientifiques de l'influence de la Lune sur les travaux de jardinage. Malgré tout, certains ont observé des améliorations lorsqu'ils tenaient compte de la Lune pour programmer leurs actions. De nombreux dictons en témoignent. Et vous, qu'en pensez-vous ? Notre test vous aidera à faire le point sur ce que vous savez, ce que vous croyez ou ne croyez pas sur la Lune.

1 Il existe de très nombreux dictons sur la Lune…

A. Vous pouvez en citer un qui traite du jardinage et de la Lune.

B. Vous êtes incollable sur ces fameux dictons.

C. Vous n'allez pas vous encombrer l'esprit avec ces fadaises.

2 La lune qui change de forme…

A. Cela vous intrigue.

B. Vous savez toujours dans quelle phase de la lune on est.

C. Vous n'y faites pas attention.

3 Vous prévoyez un pique-nique pour le lendemain…

A. La veille au soir, vous surveillez la lune et son halo, pour vous rassurer (ou non) sur la météo.

B. Vous préférez regarder les prévisions télévisées : c'est plus sûr !

C. Vous croisez les doigts.

4 Votre grand-père vous a seriné les préceptes de jardinage avec la Lune toute votre enfance…

A. Maintenant que vous êtes « aux manettes », tout vous revient et vous en tenez compte.

B. Vous essayez de vous rappeler quelques conseils au cas où…

C. Vous avez oublié et n'essayez même pas de vous en souvenir.

5 La pleine lune pour vous, c'est…

A. Un signal de perturbations au jardin.

B. Le moment de vous faire couper les cheveux.

C. Une augmentation des naissances.

6 Pour vous, qu'est-ce qui influence le phénomène des marées ?

A. La Lune, évidemment.

B. L'action combinée de la Lune et du Soleil.

C. Vous ne savez pas et cela vous est égal.

7 Des calendriers basés sur les phases de la Lune…

A. Ils ne sont plus du tout utilisés.

B. Ils ont un usage essentiellement religieux.

C. Il existe encore des pays où ils sont employés.

Résultats : Vous avez une majorité de « A », vous êtes un jardinier convaincu que la Lune peut vous aider à réussir votre jardin et à augmenter vos récoltes. Vous avez une majorité de « B » : vous y croyez sans y croire. Vous avez une majorité de « C » : vous restez à convaincre des bienfaits de la Lune. Les pages suivantes vous permettront de tester dans votre jardin ce que la Lune peut améliorer dans vos pratiques. N'hésitez pas à faire des expériences - par exemple, des semis, des plantations, la taille, en bonne lune et en périodes notées néfastes.

Les bonnes périodes pour JARDINER

Jardiner, c'est semer, planter, tailler, entretenir ses plantes. Autant de gestes destinés à encourager les végétaux à bien se développer. Tenir compte de la Lune pour agir vous donnera de meilleurs résultats.

1 **La Lune vous aide à réussir vos semis.** Les graines germent en grand nombre, vous donnant beaucoup de jeunes plants. S'ils sont également nombreux à être bien vigoureux, c'est encore mieux.

2 **Elle atténue le stress de la plantation ou de la transplantation** (lorsque l'on veut déplacer une plante). Les racines des végétaux supportent mieux le changement brusque de milieu. En opérant aux bonnes périodes lunaires, vous favoriserez une reprise rapide de la croissance des racines dans leur nouvel environnement.

3 **Elle encourage l'émission de nouveaux rameaux lors de la taille.** Vous stimulez ainsi l'épanouissement de nombreuses fleurs et la production de fruits en abondance.

4 **Elle stimule le fonctionnement des racines et l'absorption des engrais,** qui deviennent nettement plus efficaces. La fertilisation, qui met à disposition des racines les éléments nutritifs nécessaires au bon développement des plantes, sera plus efficiente.

5 **La Lune améliore la saveur et la conservation** après récolte des légumes, surtout ceux que vous garderez le plus longtemps : pommes et poires de garde, pommes de terre, carottes, navets, betteraves, radis noir...

Que faire en lune croissante ?

La lune croissante agit sur les végétaux de façon similaire au printemps et à l'été. Elle stimule les flux de sève des racines vers les feuilles. Croissance et développement sont encouragés.

Les flux de sève sont dynamisés par la lune croissante, comme on l'observe aussi lors des printemps et des étés (solaires). Les traitements phytosanitaires, curatifs ou préventifs, sont plus efficaces. C'est particulièrement important lorsque l'on utilise des produits bio ou des préparations naturelles, à action plus douce que les produits chimiques. Attendez ces périodes fastes pour traiter vos plantes préventivement. En cas d'attaque de parasite ou de symptôme de maladie, c'est à vous d'évaluer l'urgence du traitement. C'est toujours au tout début qu'il est plus aisé de remédier au problème. Cependant, si la période lunaire faste est proche, il peut être intéressant de décaler un peu votre soin.

La germination est stimulée

En stimulant la circulation de la sève, la lune croissante favorise la sortie du germe de la graine. C'est la meilleure période pour semer. Si vous pouvez bénéficier des influx d'une lune ascendante en même temps, c'est un gage de réussite de vos semis, mais c'est rarement possible. En appliquant la théorie des semblables ou « magie sympathique », les jardiniers ont attribué à la lune croissante de bons influx sur les travaux concernant les plantes destinées à produire des fleurs (y compris le chou-fleur et l'artichaut), des fruits (pommes, poires, cassissiers... mais aussi potirons, tomates, aubergines...) ou des graines (petits pois, haricots, fèves...). C'est le bon moment pour les planter, les semer et les entretenir si, bien entendu, ces gestes sont de saison.

EN BREF

En lune croissante

- Je soigne les maladies de mes plantes.
- Je lutte contre les parasites.
- J'applique des traitements préventifs s'il y a lieu.
- Je réalise mes semis.
- Je m'occupe des fleurs, des arbres fruitiers, des légumes-fleurs et des légumes-fruits.

Que faire en lune décroissante ?

La lune décroissante s'apparente à l'automne et à l'hiver. C'est le moment d'agir radicalement si nécessaire. Les végétaux supporteront mieux le traumatisme de l'arrachage pour la transplantation ou les effets d'une taille sévère.

Comme durant l'automne et l'hiver solaires, en lune décroissante, l'activité des végétaux est progressivement réduite. Profitez-en pour vous lancer dans ce que l'on peut appeler les « gros travaux », parfois un peu stressants pour les végétaux, même s'ils sont nécessaires. Transplanter ou tailler un arbre, une haie... ne doit se faire qu'en lune décroissante, car l'opération sera mieux supportée par les végétaux. Si vous pouvez conjuguer les bons influx des lunes décroissante et descendante, vous mettrez davantage d'atouts de votre côté, mais ce n'est pas toujours possible.

EN BREF

En lune décroissante

- Je prépare mon sol en le bêchant et en le fertilisant.
- Je plante.
- Je m'occupe des arbustes à feuillage décoratif, des haies, des topiaires, de mon gazon, des légumes-feuilles et des légumes-racines.

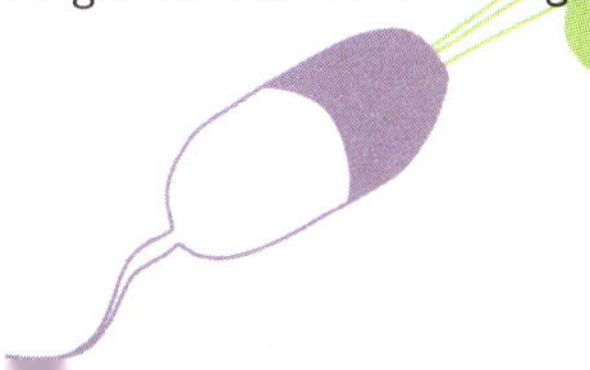

Le sol sera votre priorité

Au cours de sa période de décroissance, les flux de la sève étant ralentis, la Lune est favorable aux plantes qui ne doivent pas fleurir – salade, radis, navet, carotte, chou... C'est le bon moment pour vous occuper d'elles, du semis à la récolte, selon la période de l'année. Enfin, la lune décroissante est propice pour travailler le sol et fertiliser, car les engrais ont le temps de se transformer et de devenir accessibles pour les plantes avant que celles-ci ne viennent « pomper » en abondance dans le sol.

« En lune rousse, rien ne pousse »

Pour les jardiniers, la lune rousse est la lunaison qui débute en avril et se termine en mai. Elle suit généralement les fêtes de Pâques. Le terme « rousse » fait allusion à la couleur des jeunes pousses, qui sont comme brûlées sous l'effet des coups de froid – et surtout des écarts de température importants entre le jour et la nuit – à cette période. La période de lune décroissante de cette lunaison est la plus redoutable.

Que faire en lune ascendante ?

En lune ascendante, la nature réagit un peu de la même façon qu'au printemps et à l'été solaires. D'autant plus si le soleil agit dans le même sens, c'est-à-dire que nous sommes effectivement dans ces deux saisons fastes pour les jardins.

Si l'on rapprochait les phases lunaires des saisons (solaires), la période de lune ascendante serait à la fois le printemps et l'été. Comme au printemps, en lune ascendante, les flux de sève des racines vers les organes aériens sont abondants. Ils stimulent la germination des graines, notamment la croissance du germe qui donnera la nouvelle plante. Ainsi la lune ascendante est-elle particulièrement favorable aux semis de tous les végétaux. La germination sera plus rapide. Les plantes seront plus robustes et, pour certaines, moins enclines à fleurir prématurément au détriment du bon développement de leurs feuilles, comme les laitues qui ont tendance à « monter » plus vite quand la germination est lente.

Osez la greffe

Parce qu'elle stimule les flux de sève montant vers les branches, la lune ascendante favorise également la réussite des greffes. En effet, celle-ci repose sur une bonne soudure des tissus végétaux entre le porte-greffe et le greffon, notamment au niveau des vaisseaux végétaux qui conduisent la sève dans toute la plante. Bien alimentés en sève, ces organes se souderont mieux.

Et les récoltes ?

En lune ascendante, les extrémités des végétaux sont très bien alimentées en sève, ce qui favorise une bonne maturation des fruits et de tous les légumes dont on cueille les parties aériennes, comme les légumes-feuilles ou les légumes-fruits, et les graines, comme les pois, les haricots, les fèves... Tous ces légumes connaîtront des qualités gustatives et nutritionnelles maximales. Les fruits se conserveront aussi plus longtemps.
Enfin, ces influences lunaires sont d'autant plus importantes que ces périodes de lune ascendante correspondent à notre printemps et à notre été.

EN BREF

Quand la lune est ascendante

- Je sème fleurs et légumes.
- Je greffe mes arbres fruitiers.
- Je récolte les fruits, les légumes-feuilles, les légumes-fruits et les légumes-fleurs.

Que faire en lune descendante ?

La lune descendante agit un peu comme l'automne et l'hiver. Les végétaux connaissent alors une sorte de ralentissement de leur métabolisme. Ils sont moins sensibles aux stress environnementaux.

En lune descendante, les flux de sève qui descendent des branches vers les racines sont plus abondants. Cette sève provenant des branches est appelée « sève élaborée ». Elle véhicule des éléments énergétiques : les éléments minéraux puisés dans le sol qui ont été transformés grâce à la photosynthèse. Elle permet aux différents organes d'avoir de l'énergie pour fonctionner, se reconstituer si nécessaire ou faire des réserves. Ce flux est naturellement abondant en automne, lorsque la plante se prépare au repos hivernal.

Moins de stress...

En lune descendante, les végétaux sont moins sensibles au stress que provoquent inévitablement des opérations comme la taille ou la plantation, lesquelles sont malgré tout nécessaires dans un jardin. Ainsi, en lune descendante, profitez-en pour tailler vos haies, vos arbustes en topiaire et vos arbres fruitiers, lorsque c'est la saison pour chacun, bien entendu. Plantez en période de lune descendante les arbres et les arbustes, car, pour leurs racines, la transplantation est un vrai traumatisme. Si vous avez des vivaces à diviser et à transplanter, c'est mieux de le faire en période de lune descendante également, même si le stress n'est pas aussi grand pour ces plantes.

En favorisant tout ce qui se passe sous terre, la lune descendante donnera plus de goût aux légumes-racines (radis, carottes, navets...) récoltés en cette période. Leur conservation hivernale s'avérera aussi meilleure.

Enfin, la lune descendante sera d'autant plus influente durant l'automne et l'hiver (solaires).

EN BREF

Quand la lune est descendante

- Je plante fleurs et légumes.
- Je plante et transplante arbres et arbustes.
- Je divise mes vivaces.
- Je taille mes arbres fruitiers.
- Je tonds ma pelouse.
- Je récolte mes légumes-racines.

Que faire les jours-fleurs ?

Quand la Lune voisine avec les signes d'air parmi les constellations du zodiaque, les fleurs sont à l'honneur. Les légumes dont nous consommons les fleurs (artichaut, chou-fleur...) aussi. Toutes méritent alors vos attentions.

Quand elle passe, lors de sa révolution autour de la Terre, devant les signes d'air – constellations du Verseau, des Gémeaux et de la Balance –, la Lune exerce davantage son influence sur les parties de la plante les plus aériennes, la fleur et son parfum notamment. La période est donc plus favorable aux travaux concernant les plantes qui produisent des fleurs : par exemple, le dahlia et la marguerite, mais aussi le chou-fleur dont on mange le bouton floral. Cette position lunaire détermine ce que nous appelons sur notre calendrier lunaire les « jours-fleurs ».

Que faire en jours-fleurs...

Toutes les actions concernant les plantes et les légumes à fleurs sont favorisées ces jours-là. Quand la lune est croissante, traitez vos rosiers avec une macération de feuilles de tomates pour éliminer les pucerons dès avril. Semez des capucines, des pois de senteur ou des cosmos, en mai ou juin, directement en place. Cueillez des fleurs pour les bouquets : elles dureront plus longtemps... Quand la lune est décroissante, plantez les fleurs de vos jardinières et de vos massifs fleuris dès la mi-avril. Binez la terre et désherbez vos massifs de fleurs au tout début du printemps. Étalez une bonne couche de compost entre les plantes des massifs fleuris dès la fin octobre... Quand la lune est ascendante, semez toutes les fleurs : les annuelles au printemps, les bisannuelles (pensées, myosotis...) en été... Récoltez les choux-fleurs et les artichauts... Quand la lune est descendante, taillez les arbustes à fleur de printemps (après leur floraison) et d'été (en mars). Créez des massifs de fleurs vivaces au printemps ou à l'automne. Installez des nénuphars et autres plantes aquatiques dans le bassin après la mi-mai...

Les plantes concernées

- Les arbres et arbustes qui fleurissent
- Les artichauts
- Les brocolis
- Les choux-fleurs
- Toutes les fleurs

Que faire les jours-feuilles ?

Les signes d'eau, parmi les constellations du zodiaque, sont naturellement bénéfiques pour les plantes qui ont le plus besoin d'eau : celles aux feuillages abondants.

Quand la Lune passe devant les signes d'eau – constellations des Poissons, du Cancer et du Scorpion –, elle est plus encline à avantager les parties qui ont besoin de beaucoup d'eau, comme les feuilles et les tiges. En effet, celles-ci transpirent sur toute leur surface et sont « irriguées » par les flux de sève. La Lune sera alors plus bénéfique aux plantes cultivées pour leur feuillage : par exemple, les salades, les épinards, les arbustes de votre haie... Cette position lunaire détermine ce que nous appelons sur notre calendrier lunaire les « jours-feuilles ».

Que faire en jours-feuilles ?

Quand la lune est croissante, pulvérisez du purin d'absinthe sur le sol autour des jeunes salades pour repousser les limaces. Semez du persil, du basilic et du cerfeuil au printemps directement en place au potager. Semez des épinards comme engrais vert... Quand la lune est décroissante, réalisez votre carré d'herbes aromatiques avec un laurier, un thym et un romarin, la base du bouquet garni. Plantez un conifère nain dans la rocaille. Scarifiez et fertilisez la pelouse en début d'automne... Quand la lune est ascendante, semez des bettes à carde (au printemps), des épinards et de la mâche (en été). Renouvelez ou créez votre pelouse, en septembre ou entre mars et avril... Quand la lune est descendante, bouturez le buis et le saule (en fin d'hiver) et autres arbustes à feuillage décoratif (en août). Taillez les arbustes de la haie de mars à septembre chaque fois que c'est nécessaire. Plantez des jeunes plants de laitue (au printemps), de scaroles et de frisées (en été), des choux (au printemps et en été)...

Les plantes concernées

- Les arbres et arbustes à feuillage décoratif
- Les bettes à cardes ou poirées
- Les céleris-branches
- Les choux frisés, chinois ou pommés
- Les conifères
- Les épinards
- Les herbes aromatiques
- La mâche
- L'oseille
- Les pelouses
- Les salades diverses (laitues, scaroles, frisées...)

Que faire les jours-fruits ?

Lorsque la Lune passe devant les signes de feu, les organes à la maturation la plus longue, les fruits et les graines, sont les plus réceptifs à vos divers travaux.

Devant les signes de feu – constellations du Sagittaire, du Bélier et du Lion –, la Lune aura plus d'influence sur les parties qui ont besoin de chaleur pour leur maturation : le fruit et la graine. Ce sont les plantes cultivées pour produire des fruits et des graines qui seront les bénéficiaires des influx positifs : par exemple, le pommier, la fève, le pois… Cette position lunaire détermine ce que nous appelons sur notre calendrier lunaire les « jours-fruits ».

Que faire en jours-fruits ?

Quand la lune est croissante, appliquez un traitement d'hiver sur le tronc et les branches des arbres fruitiers après la chute des feuilles. Buttez les petits pois qui ont atteint 15 à 20 cm dans les régions ventées. Semez toutes les plantes qui produisent des fruits ou des graines, de la tomate au haricot sec, de la fraise des quatre saisons au potiron. Quand la lune est décroissante, incorporez de la cendre au pied des arbres fruitiers au printemps ou à l'automne. Plantez de la vigne ou du kiwi pour confectionner une tonnelle bien ombragée. Creusez les trous de plantation de vos futurs arbres fruitiers dès septembre… Quand la lune est ascendante, semez des tomates, des aubergines, des poivrons… en godet au chaud en mars ou en avril. Semez courgettes et potirons directement à leur place au potager après la mi-mai. Essayez-vous à la greffe en écusson sur pommier, facile à réussir… Quand la lune est descendante, plantez des arbres (pommier, cerisier, poirier…) et arbustes fruitiers (groseillier, framboisier…) entre novembre et mars de préférence. Bouturez les cassissiers et les groseilliers courant mars. Plantez des fraisiers de préférence en septembre ou en tout début de printemps…

Les plantes concernées

- Les arbres et arbustes fruitiers
- Les aubergines
- Les concombres et cornichons
- Les courgettes
- Les fèves
- Les fraisiers
- Les pois
- Les haricots
- Les melons
- Les poivrons et piments
- Les potirons et autres courges
- Les tomates

Que faire les jours-racines ?

Les signes de terre seront favorables à tout ce qui croît sous la terre, comme les racines, les bulbes et les rhizomes.

Devant les signes de terre – constellations du Capricorne, du Taureau et de la Vierge –, la Lune sera plus encline à stimuler les parties des plantes plongeant dans la terre, en un mot les racines, les bulbes, les tubercules et les rhizomes. Les végétaux cultivés pour leurs racines charnues ou leurs bulbes seront les plus favorisés : carottes, radis, céleris-raves... Cette position lunaire détermine ce que nous appelons sur notre calendrier lunaire les « jours-racines ».

Que faire en jours-racines ?

Quand la lune est croissante, semez carottes, navets et radis au début du printemps. Traitez vos pommes de terre contre le mildiou avec de la bouillie bordelaise, en fin de printemps si le temps est humide... Quand la lune est décroissante, paillez ou buttez vos pommes de terre quand elles ont 15 à 20 cm de haut. Récoltez vos échalotes, vos aulx et vos oignons en début d'été (feuillage sec)... Quand la lune est ascendante, semez des radis roses (de mars à septembre) ou d'hiver (en été), des carottes, des navets, des céleris-raves, des choux-raves... Quand la lune est descendante, plantez des poireaux de mars à août, selon les variétés et la période de récolte : des pommes de terre de février à avril, de l'ail, de l'échalote et des oignons en fin d'hiver ou à l'automne selon les régions. Récoltez, à l'automne, les carottes, les navets et les céleris-raves destinés à la conservation...

Faites la différence

À votre avis, quels sont jours où vous soignerez les bulbes à fleurs, de la tulipe au dahlia ? Bien que ceux-ci produisent bulbes, tubercules ou rhizome, ce sont les jours-fleurs qui sont les plus favorables pour s'en occuper. C'est la finalité de la culture qui compte. Ainsi, vous les plantez pour leurs fleurs, pas pour leur bulbe, tubercule ou rhizome.

Les plantes concernées

→ Les radis → Les carottes → Les pommes de terre → Les betteraves → Les navets → Les choux-raves → Les céleris-raves → Les aulx → Les oignons → Les échalotes → Les poireaux → Les raiforts → Les salsifis et scorsonères → Les topinambours

Récap

AGISSEZ TOUJOURS SOUS LA BONNE LUNE

Ce tableau vous permet d'avoir en un regard un résumé pratique de ce que nous venons de voir.
Il vous sera plus facile de déterminer quelles conjonctions lunaires seront les plus stimulantes pour les travaux que vous désirez entreprendre.

LA LUNE PASSE DEVANT...	les signes d'air	les signes d'eau	les signes de feu	les signes de terre
CONSTELLATIONS DU ZODIAQUE	Verseau Gémeaux Balance	Poissons Cancer Scorpion	Sagittaire Bélier Lion	Capricorne Taureau Vierge
C'EST UN JOUR...	fleur	feuille	fruit	racine
J'ENTREPRENDS TOUS LES TRAVAUX CONCERNANT...	les végétaux dont je souhaite qu'ils produisent des fleurs.	les végétaux dont le feuillage m'intéresse pour sa beauté ou son utilité alimentaire.	les végétaux dont je consomme les fruits et les graines.	les végétaux dont la racine a un intérêt alimentaire.
MA LISTE DES PLANTES À PRIVILÉGIER	Toutes les plantes à fleurs, vivaces, annuelles, bulbeuses Les arbres et les arbustes à fleurs L'artichaut Le chou-fleur Le brocoli	Les arbres et les arbustes à feuillage décoratif Les conifères Le gazon Les salades diverses Les choux L'épinard La poirée La mâche Les herbes aromatiques Le céleri-branche L'oseille	Les arbres et arbustes fruitiers Le pois Le haricot La fève La tomate L'aubergine Le potiron et autres courges Le poivron et le piment La courgette Le melon La fraise Le concombre et le cornichon	La carotte Le radis La pomme de terre La betterave Le navet Le chou-rave Le céleri-rave L'ail L'oignon L'échalote Le poireau Le raifort Le topinambour Le salsifis La scorsonère

Je prévois mes TRAVAUX au jardin en 2023

Vous en savez désormais long sur la Lune, ses révolutions et ses influences supposées sur le jardinage. Nous allons vous guider pour programmer au mieux vos travaux de jardinage en 2023.

Dans ce chapitre, nous allons vous aider à trouver les meilleurs jours pour agir sur les plantes de votre jardin. Pour qu'il soit plus beau, à l'abri des parasites ou des maladies, plus productif... Pour déterminer le bon moment, la démarche est simple. Il vous suffit de répondre successivement aux trois questions suivantes :

1 **Quelle est la bonne saison pour agir ?** C'est le point capital, car les saisons solaires ont une influence plus forte sur les plantes que la Lune. Vous ne pouvez pas semer des tomates en novembre ou planter un rosier en plein été.

2 **Quelles sont les périodes lunaires les plus fastes** pour mes travaux ? Grâce à notre calendrier 2023 de jardinage avec la Lune, recherchez ensuite les périodes favorables de lune ascendante/descendante (révolution sidérale), les plus stimulantes pour vos actions. Si, durant la bonne saison, vous pouvez combiner les bons influx des lunes croissante/décroissante (révolution synodique) et ascendante/descendante, c'est l'idéal.

3 **Quel est le meilleur jour pour la plante** dont je vais m'occuper ? Toujours à l'aide du calendrier inclus dans cet ouvrage, vous choisirez enfin le type de jour (fleur, feuille, fruit, racine) qui correspond à la nature de votre plante.

Les tableaux suivants vous permettront de planifier les travaux que vous prévoyez dans votre jardin en 2023, en fonction des meilleures conjonctions lunaires. Vous disposez dans chacun de quelques lignes pour compléter la liste non exhaustive que nous vous proposons.

JARDIN D'ORNEMENT EN 2023

JE VEUX... / JE LE FAIS...	EN LUNE CROISSANTE	EN LUNE DÉCROISSANTE	EN LUNE ASCENDANTE	EN LUNE DESCENDANTE
Tailler mes rosiers				en jour-fleur entre novembre et mars (remontant) ou en juillet (non remontant), par exemple les 10 et 11 décembre (remontant) ou le 17 juillet (non remontant).
Semer un nouveau gazon	en jour-feuille, entre mars et avril, par exemple le 4 mars ou le 27 avril.		en jour-feuille, entre mars et avril, par exemple du 21 au 23 mars (lune croissante également favorable) ou les 18 et 19 avril.	
Élaguer des branches gênantes sur des arbres				en jour-feuille entre novembre et mars, par exemple les 4 et 5 novembre.
Planter un conifère		en jour-feuille en septembre ou de mars à mai, par exemple les 10 et 11 septembre (lune descendante également favorable).		en jour feuille en septembre ou de mars à mai, par exemple les 13 et 14 mars (lune décroissante également favorable).
Tailler un buis en boule				en jour-feuille d'avril à septembre, par exemple le 21 juin.
Planter un seringat ou d'autres arbustes à fleurs printanières		en jour-fleur à tout moment de l'année, sauf en été, par exemple les 9 et 10 juin.		en jour-fleur à tout moment de l'année, sauf en été, par exemple le 9 septembre (la lune décroissante y est aussi favorable).
Semer des fleurs annuelles dans le potager ou les massifs	en jour-fleur entre avril et mai, par exemple les 25 et 26 avril (la lune ascendante du 25 y est également favorable).		en jour-fleur entre avril et mai, par exemple les 13 et 14 mai.	

JE VEUX... / JE LE FAIS...	EN LUNE CROISSANTE	EN LUNE DÉCROISSANTE	EN LUNE ASCENDANTE	EN LUNE DESCENDANTE
Planter une charmille (haie de charmes)		en jour-feuille entre novembre et mars par exemple les 13, 14 et 15 février (la lune descendante y est aussi favorable)		en jour-feuille entre novembre et mars, par exemple les 14 et 15 novembre.
Planter un nénuphar dans le bassin		en jour-fleur entre mai et juin, par exemple les 5 et 6 mai (la lune descendante y est aussi favorable).		en jour-fleur entre mai et juin, par exemple les 19 et 20 juin.
Diviser des fleurs vivaces				en jour-fleur entre mars et avril ou en octobre, par exemple les 6 et 7 octobre.
Créer un massif de fleurs vivaces		en jour-fleur entre mars et avril ou en octobre, par exemple le 12 mars (lune descendante y est également favorable).		en jour-fleur entre mars et avril ou en octobre, par exemple les 16 et 17 octobre.
Bouturer un rosier				en jour-fleur en septembre, par exemple le 9 septembre.
Planter des tulipes ou des narcisses		en jour fleur entre octobre et novembre, par exemple les 2 et 3 novembre (lune descendante le 3 y est également favorable).		en jour-fleur entre octobre et novembre, par exemple les 16 et 17 octobre.
Planter des dahlias		en jour-fleur entre mai et juin, par exemple le 22 mai.		en jour-fleur entre mai et juin, par exemple les 19 et 20 juin.
Tailler les arbustes à fleurs				en jour-fleur en mars (floraison estivale) ou entre avril et juin (floraison printanière), par exemple les 29 et 30 mars (floraison estivale) ou le 23 mai (floraison printanière).

JARDIN POTAGER EN 2023

JE VEUX... / JE LE FAIS...	EN LUNE CROISSANTE	EN LUNE DÉCROISSANTE	EN LUNE ASCENDANTE	EN LUNE DESCENDANTE
Planter des pommes de terre		en jour-racine de janvier à avril selon les régions, par exemple le 18 février.		en jour-racine de janvier à avril selon les régions, par exemple du 8 au 10 mars (la lune décroissante y est également favorable).
Planter de l'ail		en jour-racine entre octobre et novembre ou février et mars, par exemple les 17 et 18 mars.		en jour-racine entre octobre et novembre ou février et mars, par exemple les 9 et 10 novembre (la lune décroissante y est également favorable).
Semer des oignons blancs	en jour-racine entre août et septembre, par exemple le 22 août.		en jour-racine entre août et septembre, par exemple les 25 et 26 septembre (la lune croissante y est également favorable).	
Semer des haricots verts	en jour-fruit entre avril et juillet, par exemple le 1er mai.		en jour-fruit entre avril et juillet, par exemple le 21 avril (la lune croissante y est également favorable).	
Semer des carottes	en jour-racine entre mars et juillet, par exemple les 26 et 27 mars (la lune ascendante y est également favorable).		en jour-racine entre mars et juillet, par exemple les 16 et 17 juin.	
Semer des radis	en jour-racine de mars à septembre, par exemple les 23 et 24 juillet.		en jour-racine de mars à septembre, par exemple entre le 9 et le 11 août.	
Semer de la mâche	en jour-feuille de la mi-juillet à septembre, par exemple les 24 et 25 août.		en jour-feuille de la mi-juillet à septembre, par exemple les 28 et 29 juillet (la lune croissante y est également favorable).	
Planter de la laitue		en jour-feuille entre mars et septembre, par exemple les 9 et 10 avril (la lune descendante y est également favorable).		en jour-feuille entre mars et septembre, par exemple le 21 juin.
Planter des chicorées		en jour-feuille de la mi-juillet à août, par exemple les 14 et 15 août (la lune descendante y est également favorable).		en jour-feuille de la mi-juillet à août, par exemple les 18 et 19 juillet.

JE VEUX… / JE LE FAIS…	EN LUNE CROISSANTE	EN LUNE DÉCROISSANTE	EN LUNE ASCENDANTE	EN LUNE DESCENDANTE
Diviser la rhubarbe				en jour-feuille entre mars et avril, par exemple les 13 et 14 mars.
Semer des concombres et des cornichons	en jour-fruit entre avril et juin, par exemple du 1er au 3 avril.		en jour-fruit entre avril et juin, par exemple le 18 mai.	
Installer un carré d'herbes aromatiques		en jour-feuille entre mars et mai, par exemple les 7 et 8 mai (la lune descendante y est également favorable).		en jour-feuille entre mars et mai, par exemple le 27 avril.
Semer du brocoli	en jour-fleur entre mai et juin, par exemple le 22 mai (la lune ascendante y est également favorable).		en jour-fleur entre mai et juin, par exemple le 2 juin (la lune croissante y est également favorable).	
Planter des tomates, des aubergines ou des poivrons		en jour-fruit entre mai et juin, par exemple les 23 et 24 juin.		en jour-fruit entre mai et juin, par exemple entre les 27 et 28 mai.
Semer des courgettes	en jour-fruit entre avril et mai, par exemple le 1er mai.		en jour-fruit entre avril et mai, par exemple le 21 avril (la lune croissante y est également favorable).	
Planter des artichauts		en jour-fleur entre mars et avril, par exemple le 12 mars.		en jour-fleur entre mars et avril, par exemple le 8 avril (la lune décroissante y est également favorable).
Diviser l'oseille				en jour-feuille entre mars et juin, par exemple le 4 mars.
Tailler les tomates, les potirons et autres courges				en jour-fruit en juin, par exemple le 5 juin.
Étaler du compost sur mon potager		entre octobre et novembre, par exemple du 1er au 12 novembre.		
Planter du basilic		En jour-feuille entre mai et juin par exemple les 15 et 16 mai.		En jour-feuille entre mai et juin par exemple les 3 et 4 juin.

JARDIN FRUITIER EN 2023

JE VEUX... / JE LE FAIS...	EN LUNE CROISSANTE	EN LUNE DÉCROISSANTE	EN LUNE ASCENDANTE	EN LUNE DESCENDANTE
Planter des arbres fruitiers		en jour-fruit de préférence entre novembre et mars, par exemple le 3 ou le 5 décembre (la lune descendante y est également favorable).		en jour-fruit de préférence entre novembre et mars, par exemple du 6 au 8 février (la lune décroissante y est également favorable).
Tailler des arbres fruitiers palissés		en jour-fruit de préférence entre février et mars, par exemple le 16 février (la lune descendante y est également favorable).		en jour-fruit de préférence entre février et mars, par exemple le 15 mars (la lune décroissante y est également favorable).
Tailler des framboisiers		en jour-fruit en septembre à octobre (remontant) ou juillet (non remontant), par exemple les 1er et 2 octobre ou le 4 juillet.		en jour-fruit en septembre à octobre (remontant) ou juillet (non remontant), par exemple le 11 octobre ou les 21 et 22 juillet.
Faire un traitement d'hiver sur les arbres fruitiers	en jour-fruit de novembre à février, par exemple le 17 février.			
Semer des fraisiers des quatre saisons	en jour-fruit entre juillet et août, par exemple les 30 et 31 juillet (le 31, la lune ascendante y est également favorable).		en jour-fruit entre juillet et août, par exemple le 8 août.	
Planter des fraisiers		en jour-fruit entre mars et mai ou en septembre, par exemple les 13 et 14 septembre (la lune descendante y est également favorable).		en jour-fruit entre mars et mai ou en septembre, par exemple les 29 et 30 avril ou le 1er mai.
Bouturer un groseillier à grappes				en jour-fruit en mars, par exemple du 5 au 7 mars.

Mon calendrier pour jardiner avec LA LUNE en 2023

Faire le bon geste au bon moment, c'est bien. Avec le calendrier lunaire 2023, programmez vos travaux de jardinage en fonction de vos disponibilités et des meilleures conjonctions lunaires !

1 **Consultez le calendrier pour vos travaux.** Les périodes de lune ascendante et descendante, croissante et décroissante changent tous les ans. Les jours néfastes aussi. Elles dépendent des positions respectives de la Lune, de la Terre et du Soleil.

2 **Programmez vos travaux.** Sans calendrier, vous pouvez déterminer dans quelle phase lunaire nous sommes, aujourd'hui ou demain (voir pages 10 à 13) mais, sur le plus long terme, vous ne pouvez pas programmer vos actions. Vous, actif, qui ne jardinez que le week-end, c'est plus pratique de pouvoir prévoir !

Par ailleurs, les positions lunaires qui déterminent les jours-fleurs, -feuilles, -fruits ou -racines sont données par des calculs astronomiques. Il n'est pas possible de les voir à l'œil nu. Sans un calendrier spécifique, vous ne pouvez pas connaître les bons jours pour chacune de vos plantes.

Mois après mois, pour toute l'année 2023, ce calendrier lunaire vous indique quelles sont les bonnes influences lunaires jour après jour. Vous pouvez ainsi choisir d'opérer au bon moment pour réussir vos boutures, pour tailler au moment le moins traumatisant pour vos arbres...

Outre les indications lunaires, à chaque jour, vous trouverez un conseil spécifique d'une action qui sera sous bonne influence.

Mode d'emploi

Les phases visibles de la Lune

- Nouvelle lune
- Pleine lune
- Premier quartier
- Dernier quartier

Les plantes les plus stimulées

Chaque jour, un picto vous rappelle à quel type de plante la Lune est particulièrement favorable et nos conseils vous guident pour jardiner.

Ce picto indique **un jour-fleur,** où la Lune est favorable aux travaux concernant les fleurs et les légumes-fleurs (artichaut...).

Ce picto indique **un jour-feuille,** où la Lune est favorable aux travaux concernant les arbres et les arbustes cultivés pour la beauté de leur feuillage et les légumes-feuilles (laitue, épinard...).

Ce picto indique **un jour-fruit,** où la Lune est favorable aux travaux concernant les arbres et arbustes fruitiers et les légumes-fruits (tomate, aubergine...).

Ce picto indique **un jour-racine,** où la Lune est favorable aux travaux concernant les légumes-racines (radis, pomme de terre...).

Quand ne rien faire ?

Certains jours, les influx lunaires sont très perturbés, les travaux de jardinage sont alors déconseillés.

Les jours néfastes sont clairement identifiés :

- **P** — **Périgée** : quand la Lune est à son point le plus proche de la Terre.
- **A** — **Apogée** : quand la Lune est à son point le plus éloigné de la Terre.
- **ND** — **Nœuds lunaires** : quand la trajectoire de la Lune coupe notre horizon.

Les bons gestes suivant la Lune

À chaque couleur correspond une phase de la Lune :

La période de la **lune croissante,** favorable aux soins pour les plantes, aux semis...

La période de la **lune ascendante,** favorable aux semis, aux greffes...

La période de la **lune décroissante,** favorable à la préparation du sol, à la fertilisation et à la plantation...

La période de la **lune descendante,** favorable aux plantations, aux tailles, aux boutures...

er 2023

llégresse des fêtes.
en tentant de se tenir
n, tout se prépare en janvier.
au rythme (lent !)
ce d'hiver le 21 décembre 2022.
e et son sécateur.

s à racines nues s'il ne gèle pas.

nts, plantez des échalotes grises, très
ılbes de 15 cm et enfoncez-les dans le

aces si la terre n'est pas gelée. Cou-
étation secs et décompactez la terre

assif (*Begonia semperflorens*).

es arbres fruitiers sans abîmer les
ssus une bonne couche de compost
erre vont se charger de l'incorporer
s.

J 12		Préparez la terre de vos futurs massifs de plantes vivaces, de votre pelouse à renouveler ou de votre potager en la décompactant soigneusement en profondeur. Fertilisez ensuite en recouvrant de compost grossièrement décomposé. Les vers de terre et autres micro-organismes termineront la décomposition.
V 13		
S 14		
D 15		
L 16	ND	NE RIEN FAIRE.
M 17		Encore un bon jour pour semer des bégonias à la croissance lente.
M 18		Dans le Midi, vous pouvez encore semer des épinards et de la mâche.
J 19		Dans le Midi toujours, semez des fèves pour une récolte précoce : vous échapperez ainsi aux pucerons qui ne feront leur apparition que lorsque les gousses seront presque à maturité.
V 20		
S 21	P	NE RIEN FAIRE.
D 22		Dans le Midi, vous pouvez débuter les plantations de pommes de terre.
L 23		Plantez des rosiers en racines nues. S'ils sont grimpants, installez leur support au préalable, même si leurs tiges ne sont pas encore très hautes. Dès le printemps, ils connaîtront une croissance en flèche et leurs tiges vous empêcheront d'opérer facilement.
M 24		
M 25		
J 26		Vous pouvez encore installer une haie de troènes pour clore votre jardin avec élégance. Pour cela, creusez une tranchée de 40 cm de large sur 50 à 60 cm de profondeur.
V 27		
S 28	ND	NE RIEN FAIRE.
D 29		Continuez les traitements d'hiver (huile végétale) sur les arbres fruitiers.
L 30		Faites germer les petits tubercules de pommes de terre que vous avez conservés de votre récolte précédente ou ceux que vous avez achetés dans un point de vente de jardinage.
M 31		

MON CALENDRIER POUR JARDINER AVEC LA LUNE EN 2023 / 37

Janvier 2023

*Le mois commence dans l'allégresse des fêtes.
Ensuite, on est plus raisonnable en tentant de se tenir
aux bonnes résolutions prises. Au jardin, tout se prépare en janvier.
La nature commence son réveil au rythme (lent !)
des jours qui s'allongent depuis le solstice d'hiver le 21 décembre 2022.
Le jardinier fourbit sa bêche et son sécateur.*

D 1	ND	NE RIEN FAIRE.
L 2		Plantez des grands arbres fruitiers à racines nues s'il ne gèle pas.
M 3		Dans les régions aux hivers cléments, plantez des échalotes grises, très savoureuses. Espacez les petits bulbes de 15 cm et enfoncez-les dans le sol la pointe vers le haut.
M 4		
J 5		Nettoyez les massifs de fleurs vivaces si la terre n'est pas gelée. Coupez au ras du sol les restes de végétation secs et décompactez la terre entre les plantes.
V 6		
S 7		Semez au chaud des bégonias à massif (*Begonia semperflorens*).
D 8	A	NE RIEN FAIRE.
L 9		Décompactez la terre au pied des arbres fruitiers sans abîmer les racines superficielles. Étalez par-dessus une bonne couche de compost (5 à 6 cm d'épaisseur). Les vers de terre vont se charger de l'incorporer en profondeur au niveau des racines.
M 10		
M 11		

J 12		Préparez la terre de vos futurs massifs de plantes vivaces, de votre pelouse à renouveler ou de votre potager en la décompactant soigneusement en profondeur. Fertilisez ensuite en recouvrant de compost grossièrement décomposé. Les vers de terre et autres micro-organismes termineront la décomposition.
V 13		
S 14		
D 15		
L 16	ND	NE RIEN FAIRE.
M 17		Encore un bon jour pour semer des bégonias à la croissance lente.
M 18		Dans le Midi, vous pouvez encore semer des épinards et de la mâche.
J 19		Dans le Midi toujours, semez des fèves pour une récolte précoce : vous échapperez ainsi aux pucerons qui ne feront leur apparition que lorsque les gousses seront presque à maturité.
V 20		
S 21	P	NE RIEN FAIRE.
D 22		Dans le Midi, vous pouvez débuter les plantations de pommes de terre.
L 23		Plantez des rosiers en racines nues. S'ils sont grimpants, installez leur support au préalable, même si leurs tiges ne sont pas encore très hautes. Dès le printemps, ils connaîtront une croissance en flèche et leurs tiges vous empêcheront d'opérer facilement.
M 24		
M 25		
J 26		Vous pouvez encore installer une haie de troènes pour clore votre jardin avec élégance. Pour cela, creusez une tranchée de 40 cm de large sur 50 à 60 cm de profondeur.
V 27		
S 28	ND	NE RIEN FAIRE.
D 29		Continuez les traitements d'hiver (huile végétale) sur les arbres fruitiers.
L 30		Faites germer les petits tubercules de pommes de terre que vous avez conservés de votre récolte précédente ou ceux que vous avez achetés dans un point de vente de jardinage.
M 31		

Février 2023

Prenez garde, le changement climatique rend février incertain, traître même avec ces redoux aux allures d'été. La végétation s'y laisse prendre et les végétaux débutent parfois prématurément leur croissance. Sachez prendre votre temps pour les travaux de printemps (semis au chaud) et terminez ceux d'hiver (plantations et tailles).

M 1		Semez les premiers radis roses (variétés rondes) sous châssis.
J 2		Dans le Midi, semez à leur place définitive capucines, cosmos, œillets d'Inde.
V 3		Continuez les tailles de rosiers si les grands froids ne sont plus à craindre.
S 4	A	NE RIEN FAIRE.
D 5		Préparez et fertilisez le terrain à l'emplacement de votre future pelouse.
L 6		Taillez les fruitiers palissés si les températures diurnes ont supérieures à 0 °C. C'est nécessaire tous les ans pour garder la production des fruits à proximité des branches charpentières qui forment la structure élégante de chaque sujet.
M 7		
M 8		
J 9		Plantez des oignons à partir de bulbilles en les espaçant de 10 cm sur le rang. Laissez 25 à 30 cm entre chaque rang. Offrez-leur le voisinage de carottes, de concombres et de laitues, très bénéfiques à leur développement.
V 10		
S 11		

D 12	ND	NE RIEN FAIRE.
L 13		Élaguez les grands arbres dont les branches deviennent gênantes. N'oubliez pas de lisser les plaies des coupes à la scie pour une bonne cicatrisation. Évitez les coupes trop drastiques qui affaiblissent les plantes. Contentez-vous d'éliminer les bois morts et les branches mal placées.
M 14		
M 15		
J 16		Nettoyez les framboisiers sans tarder si cela n'a pas été fait à l'automne.
V 17		Semez des aubergines, tomates et poivrons en mini-serre à l'intérieur.
S 18		Faites un premier semis de poireaux sous châssis. À repiquer dans un bon mois.
D 19	P	NE RIEN FAIRE.
L 20		Dans les régions clémentes, vous pouvez déjà semer des pois de senteur directement à leur place définitive. Ils s'épanouiront avant les sécheresses estivales et seront ainsi plus florifères.
M 21		
M 22		Lancez-vous dans un semis de persil. En pot, c'est mieux pour surveiller la levée. Elle peut se faire attendre 3 semaines à 1 mois. En revanche, placez votre semis en extérieur, sur un rebord de fenêtre par exemple.
J 23		
V 24	ND	NE RIEN FAIRE.
S 25		Osez l'exotisme : semez des gombos (3 graines par godet), à entreposer à 20 °C.
D 26		Il est grand temps de mettre à germer de petits tubercules de pommes de terre en vue de les planter courant avril. Calez vos pommes de terre « semences » dans des boîtes à œufs (1 tubercule par creux) et placez le tout à la lumière dans un local frais (10 à 12 °C).
L 27		
M 28		

Mars 2023

Le mois croule sous les fleurs : bulbes, fruitiers, arbustes… On sent le réchauffement dans l'air, même si les nuits restent parfois très froides. Ne vous retenez plus de jardiner. Préparez le sol du potager : un décompactage à la grelinette, un peu de compost et le voilà prêt pour les nouvelles récoltes.

M 1	✲	Semez des choux-fleurs dans un endroit abrité en enterrant à peine les graines.
J 2	✲	Divisez les touffes de perce-neige devenues trop denses et moins florifères.
V 3	A	NE RIEN FAIRE.
S 4	🍃	Divisez la ciboulette en place et replantez immédiatement les éclats.
D 5	🍓	Terminez les tailles des arbres fruitiers palissés ; à cette période, les bourgeons (producteurs de feuilles) et les boutons (qui donneront des fleurs) sont faciles à distinguer. Les seconds laissent apparaître un peu du rose des pétales en s'ouvrant.
L 6	🍓	
M 7	🍓	
M 8	racine	Les plantations de pommes de terre peuvent commencer si vous prenez soin de les couvrir avec un voile de forçage en cas de coup de froid. Les jeunes pousses sont sensibles au froid. Choisissez des variétés précoces pour débuter : vous pourrez les récolter en primeur.
J 9	racine	
V 10	racine	
S 11	ND	NE RIEN FAIRE.
D 12	✲	Terminez les tailles de rosiers : leurs feuilles commencent à poindre.

L 13		Éliminez le terreau de surface des bacs contenant des arbustes sur 5 à 6 cm en évitant de blesser leurs racines. Remplacez par du compost bien décomposé pour stimuler leur croissance.
M 14		
M 15		Plantez des fraisiers (variétés remontantes) dans une terre bien fertilisée.
J 16		Semez des pois (variétés à grains lisses) et des fèves un peu partout.
V 17		Pour une récolte de jeunes navets juteux et croquants au printemps, c'est le moment de les semer directement à leur place définitive.
S 18		
D 19	P	NE RIEN FAIRE.
L 20		Équinoxe de printemps : semez en place des soucis et des reines-marguerites.
M 21		Semez du basilic en caissette. Utilisez un terreau spécial semis et placez votre récipient en mini-serre, à l'intérieur. Laissez le couvercle transparent en place pour maintenir une atmosphère bien chaude et humide autour des graines. La germination se déroulera plus rapidement.
M 22		
J 23		
V 24	ND	NE RIEN FAIRE.
S 25		Encore un bon jour pour semer petits pois à grains lisses et fèves.
D 26		Les radis roses du jardin, c'est délicieux et rafraîchissant. C'est le bon moment pour un premier semis de la saison directement en place. Enterrez à peine les graines en ratissant d'une main légère.
L 27		
M 28		Encore un bon jour pour semer du chou-fleur : osez les variétés colorées!
M 29		Bouturez vos plus beaux dahlias. Enfouissez les tubercules dans des caisses remplies de terreau ordinaire. Maintenez à la lumière à une température de 12 °C jusqu'à l'apparition de jeunes pousses.
J 30		
V 31	A	NE RIEN FAIRE.

Avril 2023

Il fait si beau et si chaud parfois en avril que l'on a envie d'oublier le dicton qui recommande de ne pas se découvrir. Installez au jardin les plantes rustiques : les vivaces, les bisannuelles, les légumes peu frileux comme les radis ou la laitue. Mais, dans la plupart des régions, attendez encore pour les légumes du soleil : tomates, aubergines, courgettes.

S 1		Il est encore temps de planter des fraisiers (variétés remontantes). Supprimez les fleurs déjà présentes sur les plants. Vous favoriserez ainsi leur bon enracinement. Nettoyez les fraisiers en place, griffez la terre entre les plants et paillez avec du compost bien décomposé.
D 2		
L 3		
M 4		Vous pouvez encore planter des oignons et des échalotes, ainsi que des pommes de terre. Dans les régions où la plantation a eu lieu le mois dernier, vous pouvez les butter dès qu'elles atteignent 15 cm de haut. Faites démarrer en pot vos éclats de yacon (poire de terre).
M 5		
J 6		
V 7	ND	NE RIEN FAIRE.
S 8		Installez un nouveau massif de fleurs vivaces à floraison estivale.
D 9		Voici deux bons jours pour mettre en route le chantier de plantation de votre nouvelle haie d'arbustes persistants : laurier-palme, escallonia, photinia, chèvrefeuille arbustif...
L 10		
M 11		Plantez un fruit de chayotte à demi-enterré, à plat, dans un grand pot. Dans 15 ours à 1 mois, une jeune pousse sortira de la partie renflée. Maintenez au chaud et bien humide pendant ce temps.
M 12		

J 13		Dans le Midi, vous pouvez déjà semer des haricots verts, à écosser ou d'Espagne.
V 14		Semez carottes, navets et betteraves rouges directement à leur place définitive dans le potager. En ligne, ils seront plus faciles à désherber. Faites tremper les graines de betterave 1 nuit dans l'eau avant le semis.
S 15		
D 16	P	NE RIEN FAIRE.
L 17		Pensez à l'été en semant des annuelles dans vos massifs : bleuet, cosmos…
M 18		Derniers jours pour semer une nouvelle pelouse dans un endroit bien préparé : terre décompactée en profondeur, affinée en surface et fertilisée ! Protégez votre semis de l'appétit des oiseaux avec des branchages.
M 19		
J 20	ND	NE RIEN FAIRE.
V 21		Semez du maïs (3 à 4 graines par groupe) en carré pour une bonne pollinisation.
S 22		Semez des oignons blancs à consommer avant maturité dans les salades estivales. Tout se mange, feuilles et bulbes. Recouvrez leurs graines avec 1 cm de terre pas plus.
D 23		
L 24		
M 25		Semez des œillets d'Inde directement en place : de vrais répulsif pour les parasites !
M 26		Prélevez des boutures sur vos tubercules de dahlias mis en culture le mois dernier.
J 27		Taillez vos buis et autres arbustes sculptés en topiaire pour garder une silhouette impeccable.
V 28	A	NE RIEN FAIRE.
S 29		Ne tardez plus maintenant à transplanter à leur place définitive les boutures de framboisiers faites à l'automne dernier. Désherbez bien l'endroit avant la plantation de ces jeunes plantes.
D 30		

Mai 2023

Les 11, 12 et 13 mai, ce sont les saints de glace : des jours où la météo est traîtresse pour les végétaux. Des coups de froid brusques endommagent les jeunes pousses. Les jardiniers d'autrefois les attendaient pour semer et planter tomates, courgettes, potirons et autres courges. Faites de même !

L 1		Ôtez quelques fruits en surnombre sur les pommiers, pêchers et poiriers.
M 2		Lancez-vous dans le taro ! Plantez les tubercules de colocasia ces jours-ci et plaçant le reste des tiges vers le haut. Creusez un grand trou, que vous remplirez d'un mélange de compost et de terreau (à parts égales).
M 3		
J 4	ND	NE RIEN FAIRE.
V 5		Plantez vos bulbes d'été : dahlias, glaïeuls, tubéreuses… En pot ou directement au jardin. Méfiez-vous des limaces : elles adorent les jeunes pousses des dahlias.
S 6		
D 7		Plantez des laitues en jeunes plants au potager. Vous récolterez d'ici 1 mois à 1 mois et demi. Mélangez les variétés – laitue à couper, romaine, laitue pommée… – afin de ne pas vous lasser.
L 8		
M 9		Dans les régions clémentes, installez vos plants de gombos au potager.
M 10		Semez des pois carrés ou pois asperges par groupe de 3 graines espacés de 20 cm.
J 11	P	NE RIEN FAIRE.
V 12		C'est maintenant que se sèment les poireaux d'hiver directement au potager.

S 13		Continuez les semis de fleurs estivales dans les massifs : cosmos, bleuets, soucis, lavatères… Griffez la terre en surface entre les plantes en place avant de jeter vos graines à la volée.
D 14		
L 15		Pensez aux bettes à cardes colorées. Elle se sèment maintenant au potager ou parmi les fleurs tant elles sont décoratives. Faites tremper leurs graines la veille afin de stimuler la germination.
M 16		
M 17	ND	NE RIEN FAIRE.
J 18		Les semis de haricots sont désormais possibles un peu partout en France.
V 19		Semez des carottes et des radis roses en mélange. Ce sont de bons voisins. Pensez à frotter les graines de carotte entre vos doigts avant le semis. Lorsque vous récolterez vos radis dans un bon mois, vous ferez ainsi de la place pour que les carottes croissent en diamètre.
S 20		
D 21		
L 22		Encore un bon jour pour semer à la volée des annuelles dans vos massifs.
M 23		Plantez des arums de couleur : leur corolle en cornet est très design.
M 24		Semez des choux à grand spectacle : les choux frisés – chou palmier, chou frisé pourpre… – peuvent atteindre 1,50 m de haut ! Mais attention pas à côté des fraisiers, car ils se détestent.
J 25		
V 26	A	NE RIEN FAIRE.
S 27		C'est le bon moment pour planter vos tomates au balcon comme au jardin. Jetez une poignée de compost bien décomposé dans chaque trou de plantation et installez tout de suite un bon tuteur.
D 28		
L 29		Buttez les pommes de terre pour la 2e fois en remontant la terre de 15 cm à leur base. C'est aussi le bon moment pour coucher les feuilles des oignons et de l'ail avec le dos du râteau afin d'accélérer la maturation des bulbes.
M 30		
M 31		

Juin 2023

En juin, tout est permis. Le jardin embaume. Les roses fleurissent en cascades. On ne sait où donner de la tête tant il y a à faire et à admirer. Il est temps de mettre la dernière main au potager pour espérer de belles récoltes cet été. Pensez aux fleurs annuelles qui combleront les vides des massifs de vivaces et enchanteront jardinières et balcons !

J 1	ND	NE RIEN FAIRE.
V 2		Installez un nénuphar dans un panier ajouré dans votre mare ou bassin de jardin.
S 3		La plupart des haies ont suffisamment poussé depuis le printemps pour nécessiter une bonne taille avant l'été. Les espèces à croissance lente (laurier-palme par exemple) se contenteront de cette intervention.
D 4		
L 5		Encore un bon jour pour planter des tomates, courgettes et potirons.
M 6		Vous pouvez semer des potirons et autres courges d'automne directement au potager.
M 7	P	NE RIEN FAIRE.
J 8		Si leur feuillage est sec, vous pouvez récolter ail, oignon et échalote.
V 9		Semez des giroflées ravenelles et des œillets de poètes dans un coin abrité du potager pour fleurir le printemps prochain. Vous pourrez ainsi les repiquer une fois avant leur mise en place définitive.
S 10		
D 11		Semez directement en place en ligne (espacées de 30 cm) des chicorées « à endives ». Arrosez régulièrement pendant tout l'été pour obtenir des racines bien charnues et vigoureuses. Elles sont une garantie d'obtenir cet hiver de beaux chicons !
L 12		
M 13		

M 14	ND	
J 15		Encore un bon jour pour un semis de potiron, par groupe de 3 graines.
V 16		Encre deux bons jours pour semer des radis. Mieux vaut passer au radis d'été comme le daïkon ou le 'Blanc Géant de Stuttgart', plus résistants à la sécheresse que le radis rose.
S 17		
D 18		Les plus pressés commenceront les semis de pâquerettes, giroflées et pensées.
L 19		Terminez les tailles des arbustes à floraison printanière qui sont défleuris : vous stimulerez ainsi la production de jeunes ramifications porteuses des fleurs de l'année prochaine.
M 20		
M 21		Solstice d'été. Supprimez les fleurs de rhubarbe qui pointent entre les feuilles.
J 22	A	NE RIEN FAIRE.
V 23		Il est temps maintenant d'installer au potager les légumes du soleil les plus frileux : aubergines, piments, poivrons et concombres... Installez-les dans un endroit ensoleillé et bien abrité.
S 24		
D 25		Vous pouvez commencer à récolter vos pommes de terre pour une consommation immédiate. Elles sont suffisamment développées, mais leur peau n'est pas encore mature. Pour la conservation, il faut attendre que le feuillage soit tout à fait sec avant de déterrer les tubercules.
L 26		
M 27		
M 28	ND	NE RIEN FAIRE.
J 29		Taillez les rosiers défleuris des variétés non remontantes (une seule floraison). Si la variété produit des fruits décoratifs, épargnez un maximum de fleurs fanées lors de la taille.
V 30		

Juillet 2023

Avec l'été arrive le temps béni de la gourmandise.
Potager et verger vous offrent le fruit de vos efforts. Ne vous en privez pas.
C'est aussi le temps des vacances : prévoyez vos absences.
Le paillage vous aidera à réduire les arrosages
et votre jardin saura se passer de vous pendant votre absence.

S 1		Éliminez une partie des plantes oxygénantes et flottantes envahissantes.
D 2		Taillez les aubergines, les piments et les courges automnales en coupant l'extrémité de leur tige principale entre les ongles du pouce et de l'index. Pas besoin de sécateur avec ces tiges encore tendres !
L 3		
M 4		Arrosez vos fraisiers remontants avec un peu d'engrais pour stimuler la nouvelle production.
M 5	P	NE RIEN FAIRE.
J 6		C'est en plein été que se ressèment naturellement les roses trémières. Faites de même dans votre jardin avec les graines récupérées chez vos voisins ou ailleurs. Choisissez un endroit chaud et abrité pour le semis.
V 7		
S 8		Semez des chicorées, scaroles, frisées ou sauvages, directement au potager. Vous apprécierez ces verdures durant l'hiver. Enterrez les graines en ratissant le rang d'une main légère. Les premières feuilles apparaissent 2 à 3 jours plus tard.
D 9		
L 10		
M 11	ND	NE RIEN FAIRE.
M 12		Un semis de courgettes ce jour-ci prolongera votre récolte jusqu'aux gelées !

J 13		Pensez à vos hors-d'œuvre d'hiver en semant des radis noirs pleins de vitamines. Espacez-les suffisamment pour leur laisser la place de grossir. Lors de l'éclaircissage dans 10 jours, éliminez les plants les plus faibles pour ne laisser qu'un radis tous les 10 cm.
V 14		
S 15		
D 16		Préparez le printemps prochain en semant myosotis, pensées et pâquerettes.
L 17		Ôtez les roses fanées sur les rosiers qui poursuivent leur floraison.
M 18		Coupez court la ciboulette qui a terminé sa floraison. Vous stimulerez ainsi la production de nouvelles feuilles. Raccourcissez les tiges de la menthe et de la mélisse pour retarder leur floraison (arrêt de la récolte).
M 19		
J 20	A	NE RIEN FAIRE.
V 21		Éliminez régulièrement les jeunes pousses à l'aisselle de feuilles de tomates avec les ongles et coupez l'extrémité de la tige principale au-dessus du 2e ou 3e bouquet de fleurs.
S 22		
D 23		Terminez les récoltes de bulbes potagers (ail, oignon et échalote). Les pommes de terre doivent désormais être bonnes à récolter pour la conservation : leur peau doit être bien formée.
L 24		
M 25	ND	NE RIEN FAIRE.
M 26		Divisez les grands iris défleuris juste après leur floraison. Déterrez délicatement leur rhizome et coupez en tronçons comprenant chacun de fines racines et des feuilles.
J 27		
V 28		Plantez des jeunes plants de scaroles et frisées si vous n'avez pas envie de vous lancer dans le semis. C'est le bon moment aussi pour planter des choux d'hiver (chou de Milan ou chou cabus).
S 29		
D 30		Ôtez les cannes sèches des framboisiers non remontants en les cassant à la main.
L 31		Semez des haricots verts nains pour une récolte automnale.

Août 2023

Des plantes 100 % gratuites, qui voudrait s'en priver ? Bouturez à tout va... Les arbustes, les rosiers, les lauriers-roses, les géraniums des balcons... Ramenez des boutures comme souvenirs de vos vacances. Le jardinage se réduit au minimum ce mois-ci : l'arrosage copieux des arbres et des arbustes jeunes (plantés depuis moins de deux ans).

M 1		Semez des radis roses pour prolonger vos récoltes en automne.
M 2	P	NE RIEN FAIRE.
J 3		Continuez les semis de fleurs bisannuelles pour le printemps prochain : giroflée, myosotis, pâquerettes... Installez-les dans un coin abrité du jardin.
V 4		
S 5		Mettez-vous à l'heure asiatique : semez des choux chinois – pak-choï et pe-tsaï – à la croissance express. Arrosez régulièrement et vous récolterez en moins de 2 mois !
D 6		
L 7	ND	NE RIEN FAIRE.
M 8		Dernier semis de fèves pour les amateurs dans les régions aux automnes doux.
M 9		Les légumes-racines agrémenteront votre cuisine d'hiver. Il est encore temps de semer des navets d'hiver : 'Vertus race Marteau', 'Nancy', 'Jaune Boule d'Or'... Semez en lignes espacées de 25 à 30 cm sans trop enterrer les graines.
J 10		
V 11		
S 12		Encore un bon jour pour semer des roses trémières.

D 13		Repiquez en godet vos fleurs bisannuelles semées le mois dernier.
L 14		Bouturez l'éléagnus, le fusain ou le chèvrefeuille arbustif (*Lonicera*) pour créer dans votre jardin des haies séparatives à peu de frais. Prélevez des extrémités de tige comprenant 5 à 6 niveaux de feuilles.
M 15		
M 16	A	NE RIEN FAIRE.
J 17		Éliminez quelques rameaux très vigoureux ne portant pas de fruits (et quelques feuilles) sur la vigne ou le kiwi afin que les fruits soient mieux éclairés. Ils mûriront plus vite et mieux.
V 18		
S 19		Plantez des poireaux pour l'hiver à partir de jeunes plants de la grosseur d'un crayon. Faites tremper leurs extrémités racinées dans un mélange boueux avant plantation.
D 20		
L 21	ND	NE RIEN FAIRE.
M 22		Encore un bon jour pour planter des poireaux : on trouve des plants chez les maraîchers du marché.
M 23		Bouturez les hortensias et partagez vos plus belles variétés avec vos voisins.
J 24		C'est le bon moment pour tailler de nouveau votre haie si elle a bien poussé depuis le printemps. Les jeunes pousses qui apparaîtront après la coupe auront le temps de s'endurcir avant les premiers froids.
V 25		
S 26		Enveloppez vos grappes de raisin en sachets spécifiques pour les protéger des guêpes gourmandes.
D 27		Récoltés ce jour, tomates, poivrons ou concombres auront davantage de goût !
L 28		Tentez un semis de poireaux au potager à récolter à peine plus gros qu'un crayon au printemps prochain. Ces jeunes poireaux sont délicieux en vinaigrette.
M 29		
M 30	P	NE RIEN FAIRE.
J 31		Semez des fleurs annuelles rustiques dans vos massifs : nigelle, rose trémière...

Septembre 2023

*Vous en aviez assez de cette pelouse jaunie. Un véritable paillasson !
Et la voilà qui reverdit mais, revers de la médaille,
il faut de nouveau la tondre. Si les floraisons estivales s'essoufflent,
tournez-vous vers les belles d'automne qui se plantent
avec bonheur en pleine floraison : aster, marguerite d'automne,
anémone du Japon...*

V 1		Semez sans limite épinard et mâche en choisissant des variétés bien résistantes au froid comme 'Coquille de Louviers' pour la mâche et 'Géant d'Hiver' pour les épinards.
S 2		
D 3	ND	NE RIEN FAIRE.
L 4		Un bon jour pour récolter des piments bien mûr pour les faire sécher.
M 5		Semez des oignons blancs à récolter dès avril de l'année prochaine. Répartissez vos graines de façon homogène à la volée dans un endroit bien abrité du potager. Ratissez d'une main légère pour recouvrir à peine les graines et maintenez bien humide jusqu'à l'apparition des premières feuilles.
M 6		
J 7		
V 8		
S 9		Plantez ou divisez les pivoines. Ne les enterrez pas trop profondément.
D 10		La rhubarbe a besoin d'être divisée tous les 4 à 5 ans. L'automne est la bonne saison pour le faire. Chaque éclat doit comporter au moins 3 jeunes pousses et de nombreuses racines.
L 11		
M 12	A	NE RIEN FAIRE.

M 13		Les variétés de pommes et poires dites de garde sont bonnes à récolter lorsque les premiers fruits sains tombent au pied des arbres. Voici deux bons jours pour les récolter.
J 14		
V 15		C'est la dernière limite pour récolter vos pommes de terre à conserver une bonne partie de l'hiver. Laissez-les sécher sur place quelques heures avant de les entreposer en cageots.
S 16		
D 17	ND	NE RIEN FAIRE.
L 18		Encore un bon jour pour la récolte des dernières pommes de terre.
M 19		Commencez les plantations de fleurs bulbeuses à l'épanouissement précoce : perce-neige, aconit d'hiver, crocus... Jetez-les par poignée sur votre pelouse ou dans les massifs pour une répartition plus naturelle.
M 20		
J 21		Plantez les arbustes à feuillage persistant et les conifères : ils auront le temps de bien s'enraciner avant l'hiver. Dans les régions ventées, pensez à bien les tuteurer.
V 22		
S 23		Équinoxe d 'automne : profitez-en pour planter de nouveaux fraisiers !
D 24		Commencez la récolte des haricots à sécher avant que les cosses ne s'ouvrent.
L 25		C'est la dernière limite pour semer des radis roses à croquer avant l'hiver. Dans les régions aux automnes doux uniquement ou avec la protection d'un mini-tunnel en cas de coup de froid.
M 26		
M 27		Semez de la ciboule de Chine maintenant, et patience... elle lèvera en mars.
J 28	P	NE RIEN FAIRE.
V 29		Voici deux bons jours pour semer une nouvelle pelouse. L'automne est la meilleure saison pour réussir un beau gazon bien résistant dès le premier printemps.
S 30		

Octobre 2023

Dans la flamboyance de la saison, vous plantez des fleurs bulbeuses pour fleurir le printemps prochain. Vous ramassez les feuilles que les bourrasques arrachent déjà aux branches. Faites-les sécher et recyclez-les pour couvrir les plantes frileuses et enrichir votre compost. Nettoyez pots et jardinières de leurs fleurs d'été pour faire place aux feuillages, aux floraisons et aux fructifications d'automne et d'hiver.

D 1		Poursuivez les récoltes des pommes et poires de garde. Entreposez-les en cageots (une seule couche) en plaçant les pommes la queue vers le bas et les poire en sens inverse.
L 2		
M 3		Encore trois bons jours pour semer des oignons dans le Midi, à récolter dès avril prochain si vous n'avez pas eu le temps de le faire le mois dernier.
M 4		
J 5		
V 6		Récoltez les fleurs parcheminées des hortensias et hydrangéas par temps sec pour faire des bouquets à conserver une bonne partie de l'hiver. Mettez un fond d'eau au fond du vase et laisser s'évaporer.
S 7		
D 8		C'est la dernière limite pour planter des arbustes à feuillage persistant : fusain...
L 9		Bouturez au chaud des framboisiers à partir de tronçons de leurs racines.
M 10	A	NE RIEN FAIRE.
M 11		Récoltez les dernières tomates, même vertes, et faites-les mûrir en intérieur.

J 12		Préparez les trous de plantation de vos futurs arbres fruitiers. Creusez sur 40 à 50 cm en tous sens pour chaque arbre. Apportez au fond un engrais complet organique et incorporez-le à la terre en place en ameublissant bien le fond.
V 13		
S 14		
D 15	ND	NE RIEN FAIRE.
L 16		Créez un nouveau massif de fleurs vivaces en décompactant bien la terre sur toute la surface. S'il y avait de la pelouse au préalable, ôtez les premiers centimètres de terre qui contiennent les racines des graminées.
M 17		
M 18		Bouturez la vigne vierge à partir de l'extrémité de rameaux sans feuille de 10 à 12 cm. Coupez 1 cm de l'extrémité avant de planter dans un terreau ordinaire.
J 19		
V 20		Décompactez superficiellement la terre au pied des fruitiers et couvrez de compost.
S 21		Dans le Midi, vous pouvez semer fèves et petits pois pour le printemps.
D 22		Dans le Midi toujours, semez sous châssis des carottes courtes comme les variétés 'Marché de Paris' ou de 'Guérande'. Émiettez un peu de terreau pour recouvrir légèrement les graines.
L 23		
M 24		Pensez à semer des pois de senteur en pot à maintenir hors gel cet hiver. Ils fleuriront plus précocement. Faites tremper leurs grosses graines la veille pour une germination plus rapide.
M 25		
J 26	P	NE RIEN FAIRE.
V 27		Dans le Midi, c'est un bon jour pour semer une nouvelle pelouse !
S 28	ND	NE RIEN FAIRE.
D 29		Encore un bon jour pour semer pois et fèves dans le Midi si vous ne l'avez pas fait le 21.
L 30		Récoltez les betteraves, les carottes, les navets, les radis d'hiver pour les entreposer à la cave, à l'abri du gel. Enfouissez-les dans du sable humide pour qu'ils ne se fripent pas lors de la conservation.
M 31		

Novembre 2023

Voici la saison où le jardinier peut prendre son temps. Certes, il y a fort à faire – plantations, tailles, préparation des futurs massifs, fertilisation longue durée, traitements préventifs… –, mais tout cela peut s'étaler sur plusieurs mois jusqu'au printemps prochain. Alors, restez zen !

M 1		Récoltez les légumes-racines à conserver en cave : carottes, betteraves…
J 2		Encore un bon jour pour semer des pois de senteur en pot à abriter du gel cet hiver.
V 3		Plantez des bulbes à floraison printanière : tulipe, narcisse, jacinthe…
S 4		Envie d'un saule à osier dans votre jardin ? C'est le moment de le bouturer pour ne rien débourser. Prélevez des extrémités de rameaux de la grosseur d'un crayon de 20 à 25 cm de long.
D 5		
L 6	A	NE RIEN FAIRE.
M 7		Récoltez les kiwis lorsque les fruits deviennent souples au toucher avant les grosses gelées. Il suffit de la saisir par le bas et de tirer d'un coup sec : ils se détachent facilement à maturité.
M 8		
J 9		Plantez des petits bulbes d'ail rocambole, de poireau perpétuel et d'oignon de Catawissa, autant de légumes perpétuels qui produiront longtemps dans votre potager.
V 10		
S 11	ND	NE RIEN FAIRE.

D 12		Commencez les plantations de rosiers après la chute des feuilles. C'est aussi le bon moment pour transplanter ceux de votre jardin qui sont mal placés.
L 13		
M 14		Récoltez choux de Bruxelles et choux d'hiver : la lune croissante leur donnera davantage de saveurs. Les petits choux de Bruxelles seront sucrés s'ils ont subi une première gelée.
M 15		
J 16		Continuez la préparation des trous de plantation de vos futurs arbres fruitiers.
V 17		Vous pouvez faire un dernier semis de fèves et pois dans le Midi.
S 18		Le cerfeuil tubéreux est une plante méconnue dont la racine a une saveur entre la pomme de terre et la châtaigne. Il se sème maintenant directement au potager en recouvrant à peine les graines.
D 19		
L 20		Continuez la préparation de vos futurs massifs de fleurs vivaces.
M 21	P	NE RIEN FAIRE.
M 22		Vous pouvez encore semer de la ciboule de Chine sans trop recouvrir les graines, mais vous ne verrez ses premières feuilles qu'au printemps prochain. Feuilles et fleurs se mangent.
J 23		
V 24	ND	NE RIEN FAIRE.
S 25		Pensez aux traitements d'hiver des arbres fruitiers à base d'huile de colza : la lune, encore croissante, les rendra plus efficaces ces jours-ci... s'il fait sec et en l'absence de vent.
D 26		
L 27		Terminez les récoltes de légumes-racines (carotte, navet, céleri-rave...), à entreposer à la cave dans des cageots remplis de sable humide pour une bonne conservation : la lune décroissante améliore cette dernière.
M 28		
M 29		
J 30		Satisfaites votre envie de rosiers : c'est le bon moment pour les planter !

Décembre 2023

Dès le début du mois, la fête flotte dans l'atmosphère.
Utilisez les ressources de votre jardin pour afficher une déco durable à l'extérieur de votre maison : couronne de branchages colorés, entremêlés de baies, de guirlandes de lierre…
Que les festivités ne vous empêchent pas de continuer les travaux d'hiver, sauf si le gel et la neige s'invitent dans votre jardin.

V 1		Si vous avez prévu de planter un arbre à feuillage caduc, c'est le bon jour pour le faire… à condition d'avoir creusé le trou de plantation 3 semaines à 1 mois auparavant.
S 2		
D 3		Vous pouvez commencer la taille des fruitiers, surtout si vous en avez beaucoup.
L 4	A	NE RIEN FAIRE.
M 5		Encore un bon jour pour tailler vos arbres fruitiers.
M 6		S'il ne gèle pas, vous pouvez poursuivre les plantations d'ail et d'échalote. À cette période, plantez de l'échalote grise : c'est la plus savoureuse, et tant pis si elle ne se conserve pas très longtemps après la récolte.
J 7		
V 8	ND	NE RIEN FAIRE.
S 9		Récoltez des poireaux : la lune décroissante et descendante leur donnera plus de goût.
D 10		Tous les arbustes à fleurs au feuillage caduc peuvent être plantés ces jours-ci. Vendus en racines nues à cette période, ils sont nettement moins onéreux qu'en conteneur.
L 11		
M 12		Si vous devez couper une grosse branche à un arbre, opérez aujourd'hui !

M 13		Bouturez la vigne à partir de rameaux latéraux de 20 à 30 cm de long.
J 14		Si le temps est beau et peu venteux, ce sont trois bons jours pour traiter les arbres fruitiers à titre préventif avec un produit à base d'huile végétale afin d'éliminer œufs et larves de parasites cachés sous l'écorce.
V 15		
S 16	P	NE RIEN FAIRE.
D 17		Il est encore trop tôt pour commencer les semis de fleurs printanières et estivales, même si la lune y est favorable. Plongez-vous dans les catalogues pour faire vos commandes de graines et rêver votre jardin de fleurs.
L 18		
M 19		
M 20		Essayez-vous à la production de graines germées en intérieur, pleines de vitamines.
J 21	ND	NE RIEN FAIRE.
V 22		Solstice d'hiver : dans les régions aux hivers doux, vous pouvez déjà tailler les cassissiers et groseilliers. C'est indispensable chaque année pour qu'ils produisent régulièrement et en abondance.
S 23		
D 24		Ces jours-ci vous aurez davantage envie de préparer les festivités de Noël que de vous adonner au jardinage. Bonnes fêtes !
L 25		
M 26		C'est la dernière limite pour planter de l'échalote grise si la terre n'est pas gelée.
M 27		Les phlox comptent de très nombreuses variétés. Ils se bouturent facilement à partir de leurs racines dont on prélève des tronçons de 3 à 5 cm de long. Débutez ces jours-ci votre collection à petit prix !
J 28		
V 29		Décompactez la terre au pied de votre haie et couvrez d'une couche de compost.
S 30		S'il ne gèle pas et que la préparation du réveillon vous en laisse le loisir, vous pouvez planter un arbre fruitier pour fêter la nouvelle année !
D 31		

Récap

MON CALENDRIER LUNAIRE 2023 EN BREF

D'un seul coup d'œil sur ces pages, vous pourrez repérer les bons jours pour vos travaux et les programmer selon vos disponibilités. C'est pratique quand on a un emploi du temps chargé !

- Nouvelle lune
- Pleine lune
- Premier quartier
- Dernier quartier

Lune croissante, favorable aux soins pour les plantes, aux semis...

Lune décroissante, favorable à la préparation du sol, à la fertilisation et à la plantation...

Lune ascendante, favorable aux semis, aux greffes...

Lune descendante, favorable aux plantations, aux tailles, aux boutures...

NE RIEN FAIRE Jours néfastes

Jour-fleur : favorable aux travaux concernant les fleurs et les légumes-fleurs (artichaut...).

Jour-feuille : favorable aux travaux concernant les arbres et les arbustes cultivés pour la beauté de leur feuillage et les légumes-feuilles (laitue, épinard...).

Jour-fruit : favorable aux travaux concernant les arbres et arbustes fruitiers et les légumes-fruits (tomate, aubergine...).

Jour-racine : aux travaux concernant les légumes-racines (radis, pomme de terre...).

JANVIER		FÉVRIER		MARS		AVRIL	
D 1	ND	M 1	Racine	M 1	Fleur	S 1	Fruit
L 2	Fruit	J 2	Fleur	J 2	Fleur	D 2	Fruit
M 3	Racine	V 3	Fleur	V 3	A	L 3	Fruit
M 4	Racine	S 4	A	S 4	Feuille	M 4	Racine
J 5	Fleur	D 5 (Pleine lune)	Feuille	D 5	Fruit	M 5	Racine
V 6	Fleur	L 6	Fruit	L 6	Fruit	J 6 (Pleine lune)	Racine
S 7 (Pleine lune)	Fleur	M 7	Fruit	M 7 (Pleine lune)	Fruit	V 7	ND
D 8	A	M 8	Fruit	M 8	Racine	S 8	Fleur
L 9	Fruit	J 9	Racine	J 9	Racine	D 9	Feuille
M 10	Fruit	V 10	Racine	V 10	Racine	L 10	Feuille
M 11	Fruit	S 11	Racine	S 11	ND	M 11	Fruit
J 12	Racine	D 12	ND	D 12	Fleur	M 12	Fruit
V 13	Racine	L 13 (Dernier quartier)	Feuille	L 13	Feuille	J 13 (Dernier quartier)	Fruit
S 14	Racine	M 14	Feuille	M 14	Feuille	V 14	Racine
D 15 (Dernier quartier)	Racine	M 15	Feuille	M 15 (Dernier quartier)	Fruit	S 15	Racine
L 16	ND	J 16	Fruit	J 16	Fruit	D 16	P
M 17	Fleur	V 17	Fruit	V 17	Racine	L 17	Fleur
M 18	Feuille	S 18	Racine	S 18	Racine	M 18	Feuille
J 19	Fruit	D 19	P	D 19	P	M 19	Feuille
V 20	Fruit	L 20 (Nouvelle lune)	Fleur	L 20	Fleur	J 20 (Nouvelle lune)	ND
S 21 (Nouvelle lune)	P	M 21	Fleur	M 21 (Nouvelle lune)	Feuille	V 21	Fruit
D 22	Racine	M 22	Feuille	M 22	Feuille	S 22	Racine
L 23	Fleur	J 23	Feuille	J 23	Feuille	D 23	Racine
M 24	Fleur	V 24	ND	V 24	ND	L 24	Racine
M 25	Fleur	S 25	Fruit	S 25	Fruit	M 25	Fleur
J 26	Feuille	D 26	Racine	D 26	Racine	M 26	Fleur
V 27	Feuille	L 27 (Premier quartier)	Racine	L 27	Racine	J 27 (Premier quartier)	Feuille
S 28 (Premier quartier)	ND	M 28	Racine	M 28	Fleur	V 28	A
D 29	Fruit			M 29 (Premier quartier)	Fleur	S 29	Fruit
L 30	Racine			J 30	Fleur	D 30	Fruit
M 31	Racine			V 31	A		

MAI	JUIN	JUILLET	AOÛT	SEPTEMBRE	OCTOBRE	NOVEMBRE	DÉCEMBRE
L 1	J 1 ND	S 1	M 1	V 1	D 1	M 1	V 1
M 2	V 2	D 2	M 2 P	S 2	L 2	J 2	S 2
M 3	S 3	L 3	J 3	D 3 ND	M 3	V 3	D 3
J 4 ND	D 4	M 4	V 4	L 4	M 4	S 4	L 4 A
V 5	L 5	M 5 P	S 5	M 5	J 5	D 5	M 5
S 6	M 6	J 6	D 6	M 6	V 6	L 6 A	M 6
D 7	M 7 P	V 7	L 7 ND	J 7	S 7	M 7	J 7
L 8	J 8	S 8	M 8	V 8	D 8	M 8	V 8 ND
M 9	V 9	D 9	M 9	S 9	L 9	J 9	S 9
M 10	S 10	L 10	J 10	D 10	M 10 A	V 10	D 10
J 11 P	D 11	M 11 ND	V 11	L 11	M 11	S 11 ND	L 11
V 12	L 12	M 12	S 12	M 12 A	J 12	D 12	M 12
S 13	M 13	J 13	D 13	M 13	V 13	L 13	M 13
D 14	M 14 ND	V 14	L 14	J 14	S 14	M 14	J 14
L 15	J 15	S 15	M 15	V 15	D 15 ND	M 15	V 15
M 16	V 16	D 16	M 16 A	S 16	L 16	J 16	S 16 P
M 17 ND	S 17	L 17	J 17	D 17 ND	M 17	V 17	D 17
J 18	D 18	M 18	V 18	L 18	M 18	S 18	L 18
V 19	L 19	M 19	S 19	M 19	J 19	D 19	M 19
S 20	M 20	J 20 A	D 20	M 20	V 20	L 20	M 20
D 21	M 21	V 21	L 21 ND	J 21	S 21	M 21 P	J 21 ND
L 22	J 22 A	S 22	M 22	V 22	D 22	M 22	V 22
M 23	V 23	D 23	M 23	S 23	L 23	J 23	S 23
M 24	S 24	L 24	J 24	D 24	M 24	V 24 ND	D 24
J 25	D 25	M 25 ND	V 25	L 25	M 25	S 25	L 25
V 26 A	L 26	M 26	S 26	M 26	J 26 P	D 26	M 26
S 27	M 27	J 27	D 27	M 27	V 27	L 27	M 27
D 28	M 28 ND	V 28	L 28	J 28 P	S 28 ND	M 28	J 28
L 29	J 29	S 29	M 29	V 29	D 29	M 29	V 29
M 30	V 30	D 30	M 30 P	S 30	L 30	J 30	S 30
M 31		L 31	J 31		M 31		D 31

Mon carnet de bord

Pour vous convaincre davantage de l'intérêt de jardiner avec la lune, prenez le temps de tenir un cahier de jardin. Vous pourrez ainsi vérifier concrètement si votre démarche a amélioré vos résultats : rapidité de germination, abondance des récoltes, réduction des maladies et invasions de parasites...

J'AI...	LE...	DE LA VARIÉTÉ...	LA LUNE ÉTAIT...	C'ÉTAIT UN JOUR...
Semé des courgettes jaunes	15 juin	'Gold Rush'	Ascendante et décroissante	Fruit
Bouturé l'hortensia de ma grand-mère	13 août	'Bodensee'	Descendante et décroissante	Fleurs

MES PREMIÈRES OBSERVATIONS	J'AI COMMENCÉ À RÉCOLTER, À VOIR FLEURIR LE...	MALADIES ET PARASITES	MA RÉCOLTE, MES FLORAISONS, LA POUSSE ANNUELLE...
J'ai vu les premières feuilles le 25 juin	À la mi-août	Un peu d'oïdium dans le courant de septembre	Une bonne dizaine de courgettes
J'ai constaté des signes d'enracinement (nouvelles feuilles) le 30 septembre			

Direction : Jean-Louis Hocq

Direction éditoriale : Corinne Cesano

Édition : Iris Odier

Relecture : Odile Raoul

Fabrication : Camille Friquet

Création graphique et mise en pages,
couverture, illustrations : Guylaine Moi

Mise à jour et photogravure : Nord Compo

Source des données astronomiques : IMCC - Observatoire de Paris

Crédits photos : Adobe Stock

ISBN : 978-2-263-18012-5

Code éditeur : L18012

Dépôt légal : août 2022

Imprimé en France par Clerc